W0109579

ECON Ratgeber

Rosel Termolen (Hrsg.)

Hildegard –
Heilkraft der Edelsteine

ECON Taschenbuch Verlag

Die Deutsche Bibliothek – CIP-Einheitsaufnahme

Hildegardis <Bingensis>:
Heilkraft der Edelsteine / Hildegard. Rosel Termolen (Hrsg.) – Düsseldorf; Wien :
ECON-Taschenbuch-Verl., 1993
(ETB ; 20463 : ECON-Ratgeber)
Einheitssacht.: De lapidibus <dt.>
Teilausg. von: Hildegardis <Bingensis>: Physica
ISBN 3-612-20463-7
NE: Termolen, Rosel [Hrsg.]; GT

Lizenzausgabe

© 1993 by ECON Taschenbuch Verlag GmbH, Düsseldorf und Wien
© 1990 by Weltbild Verlag GmbH, Pattloch Verlag, Augsburg
Umschlaggestaltung: Molesch/Niedertubbesing, Bielefeld
Druck und Bindearbeiten: Ebner Ulm
Printed in Germany
ISBN 3-612-20463-7

Inhalt

Und Gott der Herr pflanzte einen Garten in Eden gegen Osten hin und setzte den Menschen hinein, den er gemacht hatte ... Und es ging aus von Eden ein Strom, den Garten zu bewässern, und teilte sich von da in vier Hauptarme. Der erste heißt Pischon, der fließt um das ganze Land Hewila, und dort findet man Gold und das Gold des Landes ist kostbar. Auch findet man das Baellium-Harz und Karneolsteine ...

Genesis 2,8.10.12

Und es kam zu mir einer von den sieben Engeln, die die sieben Schalen hatten ... und er zeigte mir, wie die heilige Stadt Jerusalem aus dem Himmel von Gott herabkam, erfüllt von der Herrlichkeit Gottes. Sie glänzte wie der alleredelste Stein, wie ein kristallklarer Jaspis. Sie hatte eine große und hohe Mauer mit zwölf Toren und zwölf Engeln darauf ... Die Mauer war aus Jaspis und die Stadt aus reinem Gold, klar wie Glas.
Und die Grundsteine der Mauer um die Stadt waren mit allen Arten von Edelsteinen geschmückt. Der erste Grundstein war ein Jaspis, der zweite ein Saphir, der dritte ein Chalzedon, der vierte ein Smaragd, der fünfte ein Sardonyx, der sechste ein Sarder, der siebte ein Chrysolith, der achte ein Beryll, der neunte ein Topas, der zehnte ein Chrysopras, der elfte ein Hyazinth, der zwölfte ein Amethyst. Und die zwölf Tore waren zwölf Perlen ...

Offenbarung 21,9.10.18–21

Edelsteine, Symbol der Unvergänglichkeit

Zwischen göttlicher Kraft und magischer Wirkung

Können wir es als Zufall abtun, wenn am Anfang der Schöpfungsgeschichte, bei der Schilderung des Paradieses, ein Edelstein erwähnt wird, wenn die Offenbarung des Johannes ausklingt mit einer Schilderung des künftigen Jerusalem, dessen Mauern aus kostbarsten Kristallen erbaut sind?

Von Anbeginn ihrer Kulturgeschichte scheint die Menschheit die rätselhafte Schönheit leuchtender, schimmernder Kristalle fasziniert zu haben, so sehr fasziniert, daß sie sich auch das ewige Friedensreich Gottes nicht anders vorstellen kann, als von leuchtenden Edelsteinen umschlossen. Ob es wirklich nur die Schönheit war, die den Menschen faszinierte? Ob man nicht von Anfang an geheimnisvolle Kräfte und eine besondere Gottesgabe in ihnen vermutete?

So weit uns jedenfalls archäologische Funde in die Menschheitsgeschichte zurückführen können, gehören kostbare Steine zu den traditionellen Grabbeigaben und so, wie sie dort gefunden wurden, dürfen wir wohl darauf schließen, daß unsere fernen Vorfahren sie auch zu Lebzeiten als Schmuck, als Glücksbringer, als Schutzschild gegen dämonische Mächte getragen haben. Und es ist gewiß auch kein Zufall, wenn die frühen Hochkulturen die Statuen ihrer Götter, ihrer Helden und Herrscher mit Edelsteinen schmückten, ja sie aus kostbarem Gestein gestalteten oder wenigstens ihre Augen aus Obsidian schnitten, wenn ihre Jenseitssymbole aus Materialien bestanden, deren Schönheit und Dauer weit über alles Irdische hinausgehoben schienen.

Dort aber, wo der Mensch die Götter zu verehren suchte, sie sich geneigt machen wollte durch Verehrung und Opfer, dort, wo ein Priester stellvertretend für seine Mitmenschen diesen Dienst übernahm, ging sein zwischen Himmel und Erde vermittelndes Wirken mit dem Wissen um Schuld und Sühne, Krankheit und Not, Heilkraft und Heilkunst einher. Und der Stein gewann in seinen Händen überirdische Kräfte...

Und so sollte man wohl, auch wenn man sich „nur" mit Hildegards Buch von den Steinen beschäftigen will, den Blick frei behalten für die durch viele Jahrhunderte gesammelten und niedergeschriebenen Erkenntnisse über die magischen und therapeutischen Eigenschaften der Steine, für Märchen und Mythen, für die Erfahrung fremder Religionen ebenso wie für die Wege, auf denen moderne Esoteriker die Kraft der Kristalle zu nutzen versuchen. Überhebliches Lächeln, mit dem man sich über alle Erkenntnisse der Edelsteinmedizin hinwegzusetzen versucht, ist wohl das einzige, was nicht angemessen wäre. Denn auch unsere moderne Medizin wie die Ernährungslehre empfehlen uns zum einen eine ganze Reihe von Medikamenten, die auf rein mineralischer Basis zusammengestellt sind, zum anderen, weil wir selbst sorgfältig darauf achten, daß unsere tägliche Nahrung entsprechende Spurenelemente enthält, weil wir mit schöner Regelmäßigkeit die verschiedensten Mineralwässer zu uns nehmen, um unseren Gesundheitszustand zu verbessern.

Auch wenn wir uns dessen wohl selten bewußt werden – so weit entfernt sind wir damit nicht von den Ratschlägen der heiligen Hildegard. Wir haben modernere Erkenntnisse, wir wissen besser Bescheid über den Chemiehaushalt unseres Körpers, die Grundstoffe, die in den Edelsteinen aufgebaut sind, gehören sehr viel alltäglicher zu unserem Gesundheitsbewußtsein, als wir gemeinhin realisieren. Und gleiches gilt etwa für die Farbenlehre vergangener Jahrhunderte, die wir heute im Bereich der Psychologie ebenso akzeptieren wie bei der Gestaltung von Arbeitsräumen, Ruhezonen oder Krankenzimmern...

Bis in die Steinzeit zurück reichen Grabfunde, mit denen die Archäologen die enge Beziehung des frühzeitlichen Menschen zu edlen Steinen nachweisen können. Älteste Grabbeigabe, die gefunden wurde, ist Bernstein – kein Edelstein zwar – sondern fossiles Harz, aber doch durch alle Jahrtausende der Geschichte so hoch geschätzt, daß ihm, wie im fernen Osten der Seide und in den Alpen dem Salz, eine der großen Handelsstraßen von der Ostsee bis weit in den Mittelmeerraum gewidmet war, daß Kaiser Nero eine Expedition aussandte, um die „Tränen der Sonne" in sein römisches Imperium zu holen. Die Wikinger trugen auf ihren Seereisen Bernstein mit sich als Schutz vor Dämonen und noch heute wird er am Grabe Mohameds als Weihegabe niedergelegt, schnitzt man in der Türkei infektionshemmende Pfeifen daraus, gibt ihn in Ostpreußen Kindern als „Beißstein" beim Zahnen.

Als schutz- und glückbringend galt der Amethyst den Germanen, die Sumerer schätzten und verarbeiteten den vielfarbig geschichteten Achat und der hohe Stellenwert edler Steine wird nicht zuletzt aus den Funden in den ägyptischen Königsgräbern deutlich. Nicht nur, daß den Steinen die Kraft zugeschrieben wurde, die toten Körper der Pharaonen vor der Verwesung zu bewahren – und damit ihren Seelen, dem Ka, eine Heimstatt zu bewahren, die jederzeit die Rückkehr in den irdischen Leib möglich machte –, sie waren auch verehrungswürdige Symbole der Götter, der Sonne, der Gestirne. Ob man an das großartige, aus vielerlei Steinen gestaltete Pektorale des Tut-enchamun denkt, an seinen Mumienschrein, ob an die zahlreichen Skarabäen, die aus Jade, aus Karneol, aus Alabaster geschnitten wurden und das ewige Leben symbolisierten, ob an die Steinbrüche, aus denen Kleopatra den Smaragd systematisch abbauen ließ – immer hatte die Verehrung der Steine eine Komponente, die auf die Götter verwies und eine zweite, die ihre Heilkraft betraf.

So der Jaspis, den die Priester trugen, wenn sie ihre diagnostischen Kenntnisse und ihr Heilwissen anwandten, so der Lapislazuli, den die Richter trugen, mit der Hyroglyphe für „Wahrheit" versehen. Wie groß schließlich die Vielfalt der zu kultischen Zwecken verwendeten Edelsteine schon in frühester Zeit war, beweist schließlich – wieder einmal – die Bibel, wo wir im Buch Exodus, bei der Beschreibung der rituellen Kleidung für den Hohepriester erfahren, daß, neben vielem anderen kostbaren Zierrat, der Brustschild den Sarder und den Topas, Smaragd und Rubin, Saphir, Jaspis, Hyazinth, oder Diamant und Achat, Amethyst, Chrysolith, Karneol oder Opal und Onyx aufweisen soll als Symbol der zwölf Stämme Israels.

Krankheit und Not, Naturkatastrophen und Völkerschicksale brachte der Mensch von Anfang seiner Geschichte an mit dem direkten Wirken der Götter in Zusammenhang. Den Charakter von Schuld und Strafe tragen Krankheit und Tod ja auch im Alten Testament. Wer die Vermittlung zwischen den Menschen und den Göttern als seinen Dienst verstand, der Priester also, war zugleich der Heilkundige, der die Krankeit des Einzelnen oder die Not der Gemeinschaft lindern, heilen, bannen konnte durch Opfer, Gottesdienst und Weihehandlungen. Daß so der Edelstein, der von den Göttern kam und Zeichen der Verehrung eben dieser Götter war, heiligende und heilende Wirkung bekam, ist eine durch die Jahrtausende tradierte, selbstverständliche Weisheit, ob sie sich nun in magischer, in ritueller oder in therapeutischer Ausprägung verdeutlichte.

Basierend auf dem Wissen des Judentums, das ja als Wurzel des christlichen Denkens unsere europäsche Zivilisation prägte und gestaltete, erfahren wir viele Details über diese Zusammenhänge.

Die heilende Wirkung der Edelsteine

Die Krankheiten, nach Symptomen, seltener nach Ursachen diagnostiziert, werden meist im Sinne geistigen Versagens zueinandergeordnet. So etwa die Fallsucht, die Epilepsie, dem Sündenfall, der Hilflosigkeit des Menschen, sich aus eigener Kraft zum Heil aufzurichten. Der Furunkel, dessen Gift bis zum Herzen vordringen kann, steht in Beziehung zu Zorn, Unbeherrschtheit, Grausamkeit, die die Seele vergiften. Äußere Verletzungen entsprechen den Wunden, die der Teufel der Seele schlägt, Gift und Bißwunden erinnern an die Verführungskunst der Schlange im Paradies. Und wie es zur Heilung des Menschen verschiedener Tugenden bedarf, wie es verschiedene Wege zur Heilung gibt, bedarf es verschiedener Steine zur Heilung.

Immer entsprechen die Medikamente, also die allegorischen Bedeutungen der Steine, der inneren Bedeutung der Krankheit. Die Hitze des Zorns verlangt nach der kühlenden Milde des Amethyst, die Habgier wird durch die freiwillige Armut besiegt, die der Saphir verkörpert, die Aufgeschwemmtheit der Wassersucht, die Aufgeblasenheit des Geistes durch die im Jaspis verkörperte Demut.

Aus der direkten Allegorie Krankheit–Sünde heraus führen weitere Eigenschaften der Steine: stärkende, kräftigende Wirkungen auf bestimmte Körperfunktionen. Der Amethyst beispielsweise macht fruchtbar, Jaspis, Bernstein und andere erleichtern die Geburt, Onyx und Bergkristall regen die Milchbildung an, Orit wirkt empfängnisverhütend, Sardonyx fördert guten Schlaf, Almandin sorgt für gute Blutbildung, der Memphit anästhesiert Körperteile vor schmerzhaften Operationen und Amputationen.

Bei allen Völkern der Antike werden die Wirkungen der Edelsteine den Göttern zugeordnet, dem Sonnengott Re bei den Ägyptern, dem Hermes bei den Griechen, und selbstverständlich wird ihnen auch im christlichen Bereich göttliche Kraft zugeschrieben. So erfordern die aktive wie die passive Anwendung durch alle Epochen gleichermaßen fromme Gläubigkeit und das Verschweigen des Wissens gegenüber

Ungläubigen. Marbod von Rennes läßt die Wirkung ebenso schlicht wie direkt auf die den Steinen eingegebenen göttlichen Kräfte zurückgehen. Andere Autoren, Volmar etwa, verweisen zusätzlich auf die Bedeutung der Edelsteine in der Bibel, oft jedoch blieb die Stellung der die überlieferte Edelsteinmedizin auswertenden späteren Autoren unentschlossen zwischen der Akzeptanz magischer Vorstellungen und natürlich begründeter Heilkraft.

Hildegard von Bingen versteht die Edelsteine ursprünglich als Gabe Gottes an die sündenlose Kreatur, die so dem Willen Gottes entsprechend zu Heilzwecken verwendet werden kann. Ihre Anwendung wird entsprechend mit meditativ-frommen Texten verbunden, nicht aber – wie etwa bei Thomas von Cantimpré – mit Weiheformeln. Diese Weiheformeln sollen den Menschen von Sünden reinigen, ihn empfänglich machen für die Heilkraft des Steines, diesem zugleich seine in der sündenfreien Schöpfung begründete Heilkraft wiedergeben.

Spätere Steinbücher, wie das des Konrad von Megenberg oder das der Mönche von St. Florian, tradieren diese Weiheformel noch lange Zeit. Zahllos sind die Göttersagen und -legenden, die in fernöstlichen Kulturen und Religionen die oft schicksalhafte Kraft der Edelsteine zum Inhalt haben, von ihrer Macht gegen Dämonen, von ihrer Herkunft aus dem Blut oder den Tränen der Götter. An den Devi Bhagwat wäre zu erinnern, an die Vishnu Darmotter Purana, an Budha bhatta, das Kurma Purana, an Surminth und Chadreshwar, an das Agastya, Rhatna Prakash, auch an das aus der Zeit Alexanders des Großen stammende Arth Shastra, das ebenso die frühe europäische Kultur beeinflußte wie das große indische Schöpfungs- und Heldenepos Mahabharata.

In frühester Zeit wird auch schon die heilende Wirkung der Edelsteine beschrieben, nicht allerdings die medizinische Anwendung, woraus wohl zu entnehmen ist, daß man die heilkräftigen Steine als Amulette oder Schmucksteine an der Kleidung trug.

Dem Kurma Purana zufolge sind die Edelsteine aus den Lichtstrahlen entstanden, die von den sieben damals bekannten Planeten des Sonnensystems ausgehen und die sieben Regenbogenfarben des Prismas verkörpern. Die unterschiedliche Lichtbrechung ihrer Farben zeigt unterschiedliche Frequenzen an und damit unterschiedliche Energieströme, die ihren direkten Einfluß auf die Körperzonen des Menschen entfalten.

Nach anderen fernöstlichen Quellen entstammen die sieben Strahlen direkt dem Körper Jagadishwaras, des Weltenherrn. Durch dieses göttliche Licht werden die Planeten genährt, ihr Licht wiederum – in der immer wiederkehrenden Zuordnung – nährt die Edelsteine, die diese kosmischen Energien dem menschlichen Organismus weitergeben.

Im Ring Veda werden die günstigen Wirkungen des Gebrauchs von Edelsteinen ausdrücklich gepriesen. Viele alte Schriften – auch Märchen, diese poetischen Ausformungen uralter Volkserfahrungen – berichten davon, daß Edelsteine Glück, Frieden und Reichtum garantieren, negative Energien blockieren, die Krankheit und Leid mit sich bringen könnten.

Im Garuda Purana, in der Indra die Gestalt eines Priesters annimmt, wird davon gesprochen, daß Edelsteine, in Form von feinem Pulver oder Oxyden eingenommen, die Krankheiten der ihnen zugeordneten Körperteile zu heilen vermögen.

Der Diamant heilt Knochenkrankheiten, der Rubin heilt und reinigt das Blut, der Smaragd tut der Galle gut, der blaue Saphir heilt Augenleiden, das Katzenauge hilft der Stimme und dem Gehör, der gelbe und der weiße Saphir sind gegen Hautkrankheiten angewandt, der Turmalin stärkt die Nägel, der Hyazinth vermehrt den Samenfluß und macht ihn fruchtbar, der Lapislazuli ist gut gegen Gelbsucht, der Quarz heilt Tuberkulose und Erkrankungen der Milz.

Im Tantra, einem komplizierten brahmanischen System, das etwa vom fünften Jahrhundert an entwickelt wurde, werden, vor allem im zehnten und elften Jahrhundert, die Heilwirkungen der verschiedenen Edelsteine sehr detailliert beschrieben und hier taucht auch bereits die Verwendung oxydierter und pulverisierter Edelsteine zu Heilzwecken auf. Wenig später begann – in Kreisen der fernöstlichen Medizinmänner wie der Tantra-Priester, die Erforschung ihrer chemischen Wirkstoffe. Vorwiegend freilich geht es um die Weiterleitung kosmischer und planetarischer Energien, die in den Edelsteinen gespeichert sind, noch immer geht es auch um die Magie der Schmucksteine. Vor allem die Tantriker betrachteten und betrachten die Edelsteine als Speicher göttlicher Energie und verwenden sie deswegen vorwiegend zur Herstellung kultischer Gegenstände wie Talismane, Gebetsschnüre, Amulette und Pendel, verwandten und verwenden sie aber auch zur Gestaltung von Flächen – anstelle von Teppichen oder Blumen, wie etwa in christlichen Ländern vor heiligen Gräbern oder während der Fronleichnamsprozession, – auf denen Götter angerufen, geweihtes Wasser ausgeteilt, Opfergaben bereitet oder Weihezeremonien durchgeführt werden sollen.

So wie im ägyptischen Bereich die Ewigkeitssymbole, die Skarabäen nur aus weichen, gut zu bearbeitenden Edelsteinen gefertigt wurden, geschah es in den fernöstlichen Kulturen auch mit Kultgegenständen, die den Fruchtbarkeitsritualen dienen sollten. Doch nicht nur diese Reiche, deren Kulturen Jahrtausende älter sind als unsere mitteleuropäischen, verwenden im kultischen Bereich vorwiegend Quarz, Mondstein, Jade oder Türkis. Nicht nur ihre Gebetsschnüre werden seit Jahrhunderten aus Edel-oder Halbedelsteinen gearbeitet: Seit es im Christentum den in der Tradition der Dominikanermönche begründeten Rosenkranz gibt, ist auch er – neben den preiswerteren Materialien wie Perlmutt oder Koralle – zumindest im Bereich der fünf Vater-unser-Perlen meist aus Edelsteinen gefertigt oder durch entsprechende Anhänger verziert. Karneol, Achat, Bergkristall, Granat, Amethyst und Saphir waren die bevorzugten Materialien, nicht nur ihrer Schönheit wegen, sondern weil ihnen die Tradition eine heilkräftige, segenspendende, seelenreinigende Wirkung zuschreibt. Dem Achat kommt eine Schutzwirkung gegen Epilepsie und Geistesgestörtheit zu, vor allem gegen schmerzhafte Gichtanfälle, der Achat bewahrt vor den üblen Folgen des Alkoholgenusses, vor dem Gift der Schlangen und der bösartigen Tiere, er schenkt sanftes Wesen, fördert die Sammlung des Geistes in frommen Gedanken und hat reinigende Wirkung vor allem im spirituellen Bereich. So ist er denn auch der traditionelle Stein für den Schmuck des Ambo geworden, denn vor dem Lesen der heiligen Texte soll die Seele gereinigt, der Geist auf das Gotteswort hin gesammelt werden. Der Bergkristall wendet von seinem Träger jegliches Unheil ab und bewahrt ihn vor Schwindelgefühlen, der Granat verhindert schlechte Träume, der Karneol besänftigt zornige Gemüter und stillt Blutungen, der Saphir schließlich schützt gegen Neid, bewahrt ganz allgemein vor Krankheit und frühem Tod. Zu den Göttern stehen die Edelsteine in Beziehung, zu den Planeten, die von ihnen geschaffen wurden und die wiederum in engem Kontakt auf die menschlichen Organe, auf die menschliche Gesundheit. Gerade diese Wirkungen, die in späteren Anwendungen oft genug wiederkehren, lassen sich bis ins frühe Altertum zurückverfolgen, auch in Zeiten, in denen man allein an die magische, amuletthafte Wirkung glaubte.

So ist in frühen, vorwiegend östlichen Lehren der gelbe Saphir ein Wurmmittel, er beseitigt Blutkrankheiten und Störungen durch Gifte, hilft gegen Gelbsucht, Gastritis, Husten, Tuberkulose, heilt Tumore und Hämorrhoiden. Dem blauen Saphir wird dagegen die Wirksamkeit gegen chronisches Fieber, Epilepsie, Asthma, Gelenkschmerzen, Neuritis, Hysterie, Rheuma und Koliken zugeschrieben. Die Kräfte des Diamanten werden gegen Tuberkulose eingesetzt, gegen Fettleibigkeit und erhöhten Cholesterinspiegel, chronischen Durchfall, gegen Impotenz, Diabetes, Gelbsucht, Angina pectoris, Nervenschwäche, Menstruationsbeschwerden und schlechte Sehkraft. Der Hyazinth ist ein probates Mittel gegen Gastritis, Tuberkulose, Gelbsucht, fiebrigen Husten, Gebärmutterschwellungen und wiederum Störungen der Sehkraft. Dem Rubin schließlich attestiert die fernöstliche Heilkunde die Beseitigung der Impotenz, die Hilfe bei Herzleiden und starkem Blutverlust, bei Tuberkulose, langanhaltendem Fieber, bei Diabetes, hohem Blutdruck, Gliederschmerzen und ruhrartigen Erkrankungen. Und der Smaragd hilft bei Vergiftungen, Erbrechen, Gallenstörungen, Übersäuerung des Magens, Verstopfung, Erkrankungen der Harnorgane, Tuberkulose und Herzschwäche.

Natürlich werden die jeweiligen Wirkungen bei den verschiedenen Kulturkreisen und in den verschiedenen Epochen sich unterscheiden, was aber nichts an der grundlegenden Einstellung der zutiefst naturverbundenen Völker zu den Tränen der Götter, den Kräften der Planetenstrahlen ändert.

In China, Tibet, bei den alten Inka-Kulturen gehörte es zu den wichtigsten Aufgaben der Priester und Weisen, die Steine so zu formen, daß sie durch die Berührung der Hand „Trost und Frieden in die Seele bringen", die innere Ruhe des Menschen wiederherstellen und den häuslichen Frieden wahren. So kommt jenen Kleinodien, die wir – oft ein wenig abschätzend – als „Handschmeichler" bezeichnen, wohl eine tiefe Bedeutung zu. Alte Mythen – als Variante zur Legende von der Erbsünde – nennen ja immer wieder den Unfrieden, die Disharmonie als Ursache aller Krankheiten. Und sie entstanden, als der Mensch seine Einheit mit dem Kosmos verlor, als er sich isolierte und über die Schöpfung stellte, statt sich als deren Teil zu begreifen.

Im übrigen – und damit wird wieder ein Bezug hergestellt zur Edelsteinmedizin der heiligen Hildegard als einem Teil ihrer Naturheilkunde – wird bei Erkrankungen und der Anwendung magischer Steine schon in frühester Zeit jeweils eine entsprechende Diät empfohlen, aber es wird auch die Hinwendung des Geistes zur göttlichen Kraft, das gläubige Einstimmen auf die Befreiung von Schuld und auf die Bereitschaft zur Buße und Sühne verlangt.

Alle Schamanenmedizin ist ein Versuch, die körperlichen Funktionen des Menschen – und ihre Störungen – in Einklang zu bringen mit der Natur, den Menschen also in jene Ordnung zu stellen, in die er von der Schöpfung her gehört, dienend und bewahrend, nicht herrschend und zerstörend. Wie Pflanze, Tier und Mineral, Licht und Regen soll er in diese große Einheit eingebettet bleiben, Harmonie soll herrschen zwischen Körper und Geist, zwischen aller Kreatur, und sie eben kann nur bestehen, kann nur wirksam werden, wenn der Mensch sich in diese Schöpfung eingebettet fühlt. Wenn wir heute beginnen, diese uralte Weisheitsregel der Menschheit wenigstens in Ansätzen zu begreifen, so haben wir auch darin in den Lehren der heiligen Hildegard ein beherzigenswertes Vorbild.

Die im Alten Testament – und im gesamten nordafrikanisch-nahöstlichen Raum – verbreitete Vorstellung, Krankheit und Tod hätten den Charakter von Schuld und Strafe, bleibt weder auf das Christentum noch auf die mitteleuropäische Geistesgeschichte ohne Einfluß. Freilich ändert sich mit der Verbreitung des Neuen Testamentes die Einstellung von der kollektiven Sünde und der kollektiven Entsühnung des ganzen Volkes mehr und mehr in Richtung Individuum. Die Gesamtheit des Gottesvolkes ist ja durch Christi Erlösungstat aus dem Zustand der Ursünde erlöst und damit „ge-heilt", nach wie vor aber bedarf der Einzelne der inneren Heilung und "Heil-ig-ung". So wird denn auch, mit der Ausbreitung des Christentums, die Kraft der Edelsteine immer mehr mit der Erlösungstat Christi, mit der Kraft des Heiligen Geistes in Verbindung gebracht, schenken die seelische Heilung und damit letztlich auch die Gesundung des kranken Körpers. Die antike Überlieferung geht nicht verloren, gewinnt aber eine neue Dimension, wenn es beispielsweise heißt, der Saphir mache nicht nur die Seele des Beichtenden bußbereit, sondern nehme auch ganz allgemein die Krankheitsanfälligkeit aus dem Körper. Oder der Chalzedon sei dem dritten Credo-Artikel zugehörig und versinnbildliche die Empfängnis des Herrn im unversehrten Leib Mariens.

Zugleich aber beweist die Zuordnung spezifischer Steine zu einzelnen Krankheitsbildern auch eine zunehmende naturwissenschaftliche Erkenntnis von Zusammenhängen, Vorstufen der Pathologie und der Pharmakologie werden erkennbar. Immer öfter werden schon in den ersten nachchristlichen Jahrhunderten im europäischen Raum – im Gegensatz zum Orient – die Anwendung pulverisierter Steine erwähnt: bei Nieren- oder Leberschäden, bei Verstopfung etwa, wird zerriebener Bernstein, mit Honig und Wasser vermischt, angewendet, gegen den grauen Star gibt man pulverisierten, zur Paste angerührten Malachit. Auch Trinkelexiere kommen bei Hildegard nicht erstmalig vor, die Verabreichung von Weißwein, in dem Turmalin eingelagert ist, hat als Mittel gegen Angst eine lange Tradition, Heilwasser zur Steigerung der allgemeinen Lebenskraft werden mit Rosenquarz, Amazonit und Achat zubereitet, nicht nur als Getränk, sondern auch als Hautöl und Badezusatz verwendet, auch dem Smaragd, dem Rubin, dem Diamant und dem Bergkristall sagt man nach, sie könnten ihre magnetischen Kräfte an das Wasser abgeben und es so heilkräftig machen.

Eine Sonderstellung nimmt der Jaspis ein, der an manchen Stellen als der älteste Edelstein der Schöpfung bezeichnet wird und darum den ersten Credo-Artikel, den Glauben an den alleserschaffenden Gott, symbolisiert. Ihm nämlich sagt man eine diagnostizierende Wirkung nach und Claudio Galenus – um 130 in Pergamon geboren und neben Hypokrates der berühmteste Arzt der Antike – soll stets einen Jaspis am Finger getragen haben, wenn er sich um einen Patienten bemühte. Die antike wie die frühmittelalterliche Literatur sind voll von Edelsteinbüchern. Die Kenntnis über die Kraft der Edelsteine – als Amulette, als Opfergabe, als Heilmittel – ist zudem ein weitverbreitetes Volkswissen, woraus nicht zuletzt die Schmuckgepflogenheiten, die Anfertigung devotionaler Anhänger, aber auch die spektakulären Versuche mancher Alchemisten zu erklären sind.

Die Edelsteine
in den Quellen antiker Schriftsteller

Daß wohl sehr frühzeitig die Edelsteine ihres magischen Charakters entkleidet und durchaus in den Bereich der Mineralien eingeordnet wurden, dafür gibt vielleicht schon der um 160 in Karthago geborene Kirchenvater Quintus Septimus Tertullian einen Hinweis, wenn er im Zusammenhang mit der Kritik am übertriebenen Luxus vielleicht ein wenig boshaft formuliert: „Jene kleinen Steinchen, welche ihren Prunk mit dem des Goldes zu verbinden pflegen – wofür anders soll ich sie erklären, als für Steinchen, Kieselchen oder Erdklümpchen..."

Die Zahl antiker und frühmittelalterlicher Schriften zum Thema Edelstein, die auf uns überkommen sind, ist groß. Kalkuliert man ein, daß wohl nicht weniges im Lauf der Geschichte verloren ging oder in Vergessenheit geriet, so läßt sich wohl leicht abschätzen, wie verbreitet Kenntnisse aus diesen Bereichen auch im mitteleuropäischen Raum waren, zumal manche von den Kreuzzügen zurückkehrenden Ritter, heilkunde Mönche viel Wissen der arabischen Medizin mündlich mitgebracht haben mögen.

Des römischen Schriftstellers Gajus P. Secundus Plinius Definitionen über die Edelstein-Planetenbeziehungen der Kristalle, über den Glauben der römischen Imperatoren und Gladiatoren an deren Schutzkraft, waren sicherlich nicht nur Grundlage für viele nachfolgende Schriften, sie waren als ein Stück klassischer Literatur des Altertums wohl auch weit verbreitet, zumal ja die lateinische Sprache als „Umgangssprache" im Bereich aller wissenschaftlich forschenden Gelehrten, aber auch der diese Wissenschaften verbreitenden Mönche war. Marbod von Rennes beispielsweise übernimmt ganze Passagen der Plinius-Schriften fast wörtlich, zumindest aber sinngleich, so etwa die Kapitel über den Saphir und den Achat, wenngleich er wohl auch andere Quellen benutzt haben muß, denn er beschreibt weit mehr Kristalle als Plinius es getan hatte. Plinius nennt die Zauberbücher aus dem Umfeld des Zoroaster als eine seiner wichtigsten Quellen. Die von Plinius wie von Marbod zitierten, sogenannten „Evax"-Schriften wurden schließlich durch die spätere Forschung mit hoher Wahrscheinlichkeit als griechische Arbeiten aus dem fünften vorchristlichen Jahrhundert eingeordnet.

Pedanios Dioscurides, Mitte des ersten nachchristlichen Jahrhunderts in Kilikien geboren, galt durch das ganze Mittelalter als eine der wichtigsten Autoritäten der Heilkunde. Seine aus dem Griechischen ins Lateinische übersetzten Heilanweisungen „Physiologus" und „Euphorista", die Sammlung der Hausmittelrezepte, waren in Europa durchaus weit verbreitet. Dioscurides hatte im Gefolge der römischen Truppen viele Länder bereist und verfaßte aus den dabei gewonnenen Erkenntnissen eine umfangreiche medizinische Literatur – „de materia medica" – mit detaillierten Anweisungen über die Anwendung von heilkräftigen Pflanzen und anderen Arzneistoffen. Im „Physiologus" werden auch die Heilkraft des Diamanten – der nicht nur in dieser Schrift die Kraft hat, den Einfluß des Teufels zu bannen – des Achat und des nicht identifizierbaren „indischen Steines" beschrieben. Galenus dürfte einen Großteil seiner Steinkunde von Dioscurides übernommen und an andere Autoren weitergegeben haben. Daß diese medizinische Literatur in vielen europäischen Benediktinerklöstern vorhanden war, ist wahrscheinlich. Nicht sicher dagegen ist, ob auch Hildegard von Bingen sie gekannt hat, denn während Dioscurides zur innerlichen Anwendung ausdrücklich nur die weichen Gesteinsarten vorschlägt, die sich leicht zerreiben lassen – wie Nephrit, Bernstein, Malachit und Hämatit – rät die Bingener Äbtissin allein beim wesentlich härteren Beryll zur innerlichen Anwendung.

Claudius Galenus, der fruchtbarste medizinische Schriftsteller der Antike, wurde 131 n. Chr. in Pergamon geboren. Von 158 ab übernahm er in seiner Heimat die ärztliche Betreuung der römischen Gladiatoren. Zwischen 164 und 167 sind in Rom seine erfolgreichen Heilkuren ebenso verbürgt wie seine vielbesuchten anatomischen Vorlesungen. Für einige Jahre ging der hochrenommierte Arzt dann zu Studienzwecken nach Griechenland und Palästina, hielt sich in den Feldlagern des Marc Aurel und denen des Lucius Varus in Aquilea auf. 170 schließlich wurde er Leibarzt des Kaisers Commodus. Ehe Galenus, 70jährig, starb, verfaßte er eine Fülle heilkundlicher Schriften, darunter Kommentare über die Kunst des Hypokrates, die bis Paracelsus maßgeblich für die Entwicklung der europäischen Heilkunst blieben.

Heilwirkungen der Edelsteine, vor allem der zwölf Pretiosen, die das Brustschild des Hohepriesters zieren, beschreibt um 400 der griechische Bischof Epiphanius von Eleutheropolis, wobei er freilich einigermaßen kritisch anmerkt, daß frühere Autoren einiges stark übertrieben hätten. Dem Topas immerhin bestätigt Epiphanius Hilfe bei Augenleiden, dem Saphir die Kraft, unreine Haut und kleine Geschwüre zu kurieren, dem Achat das Gift von Schlangenbissen unschädlich zu machen. Hildegard hat von seinen Anweisungen wohl wenig oder gar nichts übernommen. Ein Autor dagegen, dessen Schriften Hildegard durchaus gekannt haben könnte und der sich intensiv mit der Heilkraft der Steine beschäftigte, war Constantinus Africanus. In jener Zeit, da Hildegard ihre „Physica" verfaßte, sind von den Schriften des Constantinus nicht weniger als achtzehn Titel in der Bibliothek des Hildesheimer Bischofs Bruno nachweisbar. Wieviele Abschriften mochte es wohl in den benediktinischen Klöstern des deutschsprachigen Raumes gegeben haben? Kommentare jedenfalls zu den meist recht kostspieligen Therapieanweisungen des Constantinus verfaßte unter anderen der fränkische Gelehrte Aegidius von Corbeit, vermutlich ein Benediktinermönch. Doch auch hier finden sich wenig Analogien zu Hildegards Edelsteinkunde; im Gegensatz zu ihr, die ja die äußerliche Anwendung als Regel empfiehlt, hält sich Constantinus Africanus noch getreu an die überlieferten Ratschläge zum innerlichen Gebrauch pulverisierter Kristalle.

Fast wörtlich hat der 636 gestorbene Erzbischof Isidor von Sevilla in seinen „Etymologien" die Erkenntnisse des Plinius über die Kraft und die Planetenzugehörigkeit der Steine zitiert. Auch von ihm dürfte Hildegard kaum profitiert haben, so wenig wie von dem Byzantiner Michael Psellus, der beschreibt, daß der Diamant den Teufel vertreibe und der Amethyst den Kopfschmerz sowie die Folgen der Trunkenheit. Der Jaspis wirkt nach dieser Darstellung gegen Epilepsie, Alpträume und Beulenerkrankungen, der Smaragd schließlich gegen Lepra und Blutfluß. Zeitlich wie nach den Inhalten der Schriften steht wohl Marbod von Rennes der heiligen Hildegard am nächsten. Um 1035 wurde Marbod aus adliger Familie geboren, nach dem Studium übernahm er an der Schule von Angers den Lehrstuhl für Eloquenz. Vierzehn Jahre lang, von 1067 bis 1081, war er Leiter dieses weithin berühmten Institutes, von dem manche seiner

Biographen sogar annehmen, Marbod habe es begründet. Von 1081 an ist Marbod als Archediakon der Kirche von Angers nachgewiesen, 1096 wurde er zum Bischof von Rennes berufen, ein Amt, das er bis ins hohe Alter beibehielt. Für seine letzten Lebensjahre zog Marbod sich ins Benediktinerkloster St. Albin bei Angers zurück. Bei seinem Tod 1123 gehören eine Fülle von Schriften zu seinem umfangreichen Nachlaß, darunter ein 734 Hexameter umfassendes Gedicht „Liber lapidum seu de Gemmis".

Gerade diese Schrift wurde rasch populär und blieb es bis ins späte Mittelalter. Durch die frühen Übersetzungen in die französische, italienische, dänische und hebräische Sprache war eine weite Verbreitung gesichert und das Buch fand sich wohl nicht nur in der naturwissenschaftlichen Bibliothek des Osloer Bischofs Siward – aus der Hildegard partizipiert haben könnte, sondern wohl auch in den meisten Benediktinerklöstern.

Marbod bezieht sich als Quelle für seine Steinkunde vor allem auf einen legendären arabischen König namens Evax, den auch Plinius schon erwähnt. Evax soll seine Schriften dem römischen Kaiser Tiberius übersandt haben, weil er ihm das Mysterium der Steine nicht vorenthalten wollte, ein Mysterium, das schon den alten Ägyptern bekannt gewesen sei und sorgfältig vor Unwissenden gehütet werden müsse. Ob die Erwähnung dieser Evax-Briefe bei Plinius literarisches Beiwerk ist, ob es diesen orientalischen Potentaten – oder Magier – wirklich gegeben hat, bleibt ein Geheimnis. Selbst Gotthold Ephraim Lessing hat sich intensiv, aber vergeblich um die Identifizierung des Evax bemüht, auch die offensichtlich langfristige Beschäftigung mit den die Steine betreffenden Texten des Plinius hat ihm wenig weitergeholfen.

Die Frage, ob die heilige Hildegard die Marbod-Texte gekannt hat, läßt sich nicht mit Sicherheit beantworten. Es ist gewiß nicht unwahrscheinlich, daß die Schriften in einem der Klöster, die sie besuchte, auflagen, auch ist nicht auszuschließen, daß Volmar sie kannte, Volmar, der über eine Frist von Jahren Hildegard als Sekretär diente. Und gewiß nicht nur ihre Diktate aufnahm, ihre lateinische Grammatik verbesserte, sondern wohl auch Gesprächspartner und Informant in vielen Dingen war.

Ob Hildegard Walafried Strabos „Hortulus" oder des Marbod Edelstein-Lehre nun kannte oder nicht: sie lehnt sich jedenfalls kaum an seine Erkenntnisse an, wählt aus den sechzig Edel-und Halbedelsteinen, deren Heilkraft Marbod preist, weniger als zwanzig für ihre eigenen Therapievorschläge aus.

Gerade im Vergleich der einzelnen Zuschreibungen wird Hildegards Eigenständigkeit in Sachen Edelstein-Medizin deutlich. Dem Diamant schreibt Marbod – wie alle seine Vorläufer und Nachfolger – besondere magische Kräfte zu, die den Besitzer unbesiegbar machen, Nachtgeister und wirre Träume verscheuchen, Gift unwirksam machen, Streit und Hader aus dem Haus jagen und den Wahnsinn heilen. Gegen Gift, selbst Schlangengift, wirkt nach Marbod auch der Achat, der außerdem die Sehkraft erhält, dem Träger Kraft verleiht und ihn bei Göttern wie bei Menschen beliebt macht. Wenn der Träger „lauteren Sinnes" ist, wehrt der Jaspis Fieber und Wassersucht ab, außerdem hilft er bei schweren Geburten. Der Saphir bewahrt die Rüstigkeit des Trägers bis ins hohe Alter, kühlt Fieber, läßt Wunden rascher abheilen, lindert Kopfschmerz und eitrige Augenentzündungen. Außerdem wehrt der Saphir die Mächte des Bösen ab, schenkt dem Träger inneren Frieden und Erhörung seiner Gebete – allerdings nur bei „keuschen und guten" Menschen.

Der Calcedon ist einer der vielfältig wirkenden Steine, nach Marbod hilft er zur Überwindung aller Krankheitsursachen. Der Smaragd schenkt Lebenskraft, Reichtum und Überzeugungskraft, aber neben diesen magischen Wirkungen hat er auch therapeutische, er stärkt nämlich die Sehkraft, heilt die Fallsucht und senkt das Fieber. Der Sardonyx, der in Marbods wichtigster Quelle, nämlich bei Evax, überhaupt nicht genannt wird, ist nach Marbod ein Stein, der lediglich den Bescheidenen, Züchtigen und Schamhaften helfen kann, ihnen aber schenkt er Kraft gegen alle Bedrängnisse des Lebens. Dem Onyx dagegen weiß Marbod nichts Gutes nachzusagen – im Gegenteil, er ziehe die bösen Träume und die quälenden Nachtgespenster an, stifte Hader und Streit, welche wiederum am besten durch den Chrysolith vertrieben werden.

Der Sardius oder Sarder, den Evax ebenfalls nicht erwähnt hatte, hat nach Marbod weder positive nach negative Kräfte, desgleichen der Chrysopras und der „Carbunculus", der Beryll gilt ihm als Schützer der ehelichen Liebe und der persönlichen Würde, heilt darüber hinaus kranke Augen, Atemnot, Schluckauf und Leberbeschwerden, der Topas hilft gegen Hämorrhoiden und „glühende Wogen". Ob damit Verbrühungen gemeint sind, Fieberschübe oder die sogenannten „fliegenden Hitzen" der Wechseljahre, ist ungeklärt. Der Amethyst vertreibt die Auswirkungen der Trunkenheit, der Karneol hilft gegen Blutungen und zorniges Temperament und der Hyazinth soll bei Reisen in fremde Länder vor Infektionen, selbst vor der Pest, schützen. Auch beim Ausdruck „Pest" ist nach unserem heutigen Verständnis übrigens einige Vorsicht geboten, denn ehe diese durch heimkehrende Kreuzfahrer aus dem Orient eingeschleppt wurde, verstand man darunter im europäischen Raum eine Reihe seuchenartiger Infektionskrankheiten, nicht aber den „schwarzen Tod".

Magenleiden, Gelbsucht und Darmstörungen soll der Luchsstein heilen, der – wie nicht nur Marbod, sondern auch Hildegard glaubt – aus dem Harn des Luchses entsteht. So vorsichtig Marbod – aus dessen umfangreichem Werk hier nur Steine erwähnt sind, die auch bei Hildegard von Bingen wiederkehren – in der Beurteilung der Steine ist, wenn es um deren magische Kräfte geht, so kritiklos übernimmt er aus literarischen Quellen oder der Volksmeinung Aussagen über die medizinischen Möglichkeiten der Steintherapie.

Die Ansichten Marbods und Hildegards über die Heilkraft der Edelsteine gehen weit auseinander, es bleibt offen, ob Hildegard die Marbod-Schriften nicht gekannt – oder nicht ernst genommen hat. Dagegen kann man wohl mit einiger Sicherheit darauf schließen, daß ihr und ihrem Sekretär Volmar Schriften des Galenos vertraut waren. Daß seine Bücher zu den in allen Benediktinerklöstern vorhandenen medizinischen Standardschriften gehörten, dürfte außer Zweifel stehen, nannte man den Galenus doch noch um 1600 einen „von Gott gesandten Mann".

Wenn man jenen fast fanatisch argumentierenden Hildegard-Forschern nicht ohne weiteres folgen will, die der Bingener Äbtissin jegliches selbständige Denken absprechen und sie – um der größeren Ehre Gottes willen – zur Sekretärin oder zu einer Art Magnetaufzeichnungsgerät visionärer Offenbarungen abstempeln, muß man ihren naturkundlichen Arbeiten absolute Eigenständlichkeit zugestehen. Zwar hatte sie eine Fülle von Möglichkeiten, uraltes schriftliches Wissen zu adaptieren, kannte wohl auch manches davon – ging im übrigen aber durchaus eigene Wege und hielt sich weit eher an mündliche Überlieferungen, denn an literarische Vorlagen.

Wie hoch immer man auch die einzigartige, prophetisch-mystische Begnadung der Hildegard von Bingen einstufen mag: sie war eine analytisch denkende, geistvolle Frau, das ist aus ihren ja nun wirklich selbständig verfaßten Briefen, aus ihren temperamentvollen Predigten mehr als klar erkennbar. Ob sie nun vor Kölner Prälaten deren Versagen für die Ausbreitung der Katharer-Sekte verantwortlich machte und nicht die Leichtgläubigkeit der verführten einfachen Leute, ob sie den Klostervorstehern sehr genau ihre Führungsfehler vorhielt, wenn diese über Sittenverfall und Ungehorsam in den konventen klagten: so wird wohl deutlich genug, welch wachen Geist und welch klares Denkvermögen diese hochgebildete Frau hatte. Ihre zahlreichen Äußerungen, sie sei für sich selbst ungebildet und tauge „wie eine Trompete" nur zum Sprachrohr Gottes, werden bald als jene Demutsäußerung erkennbar, die gerade im frühen Mittelalter zu den selbstverständlichen religiösen Gepflogenheiten gehörte.

Hildegards Naturschriften, zwischen 1150 und 1160 entstanden, in einer Zeit, in der die Medizingeschichte eine geradezu dramatische Entwicklung nahm, sind Frucht reicher Lebenserfahrung, schließlich betont sie ja selbst, daß sie acht Jahre lang die Naturdinge erforscht habe. Außerdem finden sich in den Naturschriften, auch in den Kapiteln von der Edelstein-Medizin, zwischen den lateinischen Formulierungen zahlreiche mittelhochdeutsche Ausdrücke. Das setzt diese Schriften nicht nur in deutlichen Gegensatz zu den rein in Latein abgefaßten Niederschriften der Visionen, sondern weist zum einen auf die Sammlung und Weitergabe der Volksmedizin hin, gewährt uns zum anderen interessante Einblicke in die damals gebräuchliche Sprache.

Im Gegensatz zu Marbods weit verbreiteter Steinkunde, dem „Lapidarius", erfreute sich Hildegards Lehre von den Edelsteinen merkwürdigerweise nur geringer Popularität. Sie wurde nur zweimal aufgelegt, nämlich 1533 und 1544 in Straßburg, dann geriet sie bis in unser Jahrhundert fast in Vergessenheit.

Die Beschäftigung mit dem Wesen, der Symbolik und auch mit der Heilkraft der Edelsteine ist durchgängig von der Antike über die frühchristlichen Autoren bis ins Mittelalter. Hildegard steht also mit ihren Naturschriften keineswegs isoliert, auch wenn sich ihre Praktiken deutlich von den meisten ihrer Vorgänger und ihrer Zeitgenossen unterscheiden. Und nicht nur im Mittelalter – dort aber verstärkt – hatte die Beschäftigung mit der Natur immer eine sakrale Komponente. Zum einen, weil der menschliche Organismus eine dreifache Bedeutung hatte: als Körper, als Sitz der Seele und schließlich als Teil des mystischen Leibes Christi, der Kirche – zum andern, weil ein hochentwickeltes kosmisches Lebensgefühl Schöpfung, Geschöpf und Schöpfer als eine aufeinanderbezogene Einheit erkannte. Nicht zufällig setzte der Kirchenlehrer Augustinus Naturerkenntnis ausdrücklich für das Verständnis der Bibel voraus, wiederum nicht zufällig spielen die Edelsteine im Prolog zum „Speculum naturale" des Vincens von Beauvais eine bedeutende, wenn auch vorwiegend allegorische Rolle. Und bis ins 17. Jahrhundert finden sich Hinweise auf die Edelsteine, ihren Symbolgehalt, ihre Farben und Eigenschaften in zahlreichen Bibelkommentaren, frommen Traktaten und Predigten. Nicht nur auf die Genesis und die Geheime Offenbarung mußten sich die Theologen beziehen, wo Edelsteine, ihre Fundorte und ihre Entstehung definiert wird, sondern auch im Buch Exodus, bei Ezechiel, bei Hiob. Sicherlich ein vielfältiges Zeugnis dafür, welche Bedeutung das Geheimnis der edlen Steine von frühester Geschichte an für den forschenden Menschen hatte.

Natürlich haben – Schriftsteller wie Tertullian, Clemens von Alexandrien, Origenes, Basilius, Gregor von Nazians zeugen davon – Edelsteine in der Spätantike und im Mittelalter nicht weniger als heute dem Luxusbedürfnis und der Prunksucht gedient, nicht nur bei der jeweils herrschenden „Klasse". Tertullian beispielsweise schreibt: „An einen Faden aus Hanf reiht man eine Million Sesterzen auf, ein zarter Nacken trägt ganze Landsitze und Häuserzeilen herum, zierliche Ohrläppchen verursachen die Ausgabe ganzer Kapitalien, jeder Finger der linken Hand macht einen ganzen Geldsack zuschanden. Soweit geht die Prunksucht, daß einzelne Dämchen den ganzen Ertrag eines Vermögens am Leib hängen haben."

Viel wichtiger aber war doch wohl die Stärkung der seelischen Kräfte des Menschen, die sich die verschiedensten Religionen zur Aufgabe gemacht haben. Und dies ist ja wohl auch heute eine Hauptaufgabe der Psychiater, deren Hilfe weltweit immer mehr in Anspruch genommen wird – Zeichen dafür, daß uns eben dieses Gleichgewicht von Leib und Seele, das im Mittelpunkt des kosmischen Weltverständnisses stand, immer mehr verloren gegangen ist, daß wir allein durch den technischen Fortschritt und die Rundumversicherungen unser Leben nicht im Gleichgewicht halten können.

Voraussetzung für diese innere Harmonie, auch zur Empfänglichkeit für natürliche Heilkräfte, ist eine geistige Konzentration, die oft genug den Spannungen des materiell ausgerichteten Lebenskampfes weichen mußte und so die Blockade aller mentalen Fähigkeiten mit sich bringt.

Dort, wo es um natürliche Heilkräfte geht, ist die intensive Zuwendung des Heilers zum Kranken, das absolute Vertrauen des Patienten zum Heilkundigen entscheidend, dessen Fehlen in vielen Fällen freilich auch für Mißerfolge in der uns vertrauten Schulmedizin verantwortlich gemacht werden kann.

Kristallheilung ist nicht zuletzt ein meditativer Prozeß, der vorwiegend der seelischen Reinigung, der Bewußtmachung psychischer Probleme dient, die den Menschen zu dem fast in Vergessenheit geratenen Prinzip der Selbstfindung führt. Nicht im modisch-emanzipativen Sinn, sondern im Sinne einer seelischen Einordnung in den Kosmos, im Sinne der Aufarbeitung verdrängter Problemfelder, vielleicht auch im Sinne der neidlosen Bescheidung auf jenen Platz im Leben, den man ausfüllen kann und nicht den, den man ehrgeizig ausfüllen möchte.

Es gibt auf dieser mentalen Basis wohl eine Fülle von Heilungs- und Heiligungsmöglichkeiten. Schwingungen, wie sie uns von den Heilungen durch Handauflegungen in der Bibel vertraut sind, gehören ebenso dazu wie Praktiken in anderen Religionen, die zu belächeln oder als illusionistisch abzutun uns – die wir sie nicht kennen und nicht verstehen können – nicht ansteht.

Oft genug erfahren wir von Heilversuchen auf der Basis von Schwingungen, wie sie beispielsweise in der Naturmedizin und der Antike mit Musik erzielt wurden, wie die Musiktherapie sie auch heute noch oder besser gesagt heute wieder bei einer Reihe seelischer Leiden anwendet. Erfahren, daß wärmende Strahlungen im Körperinneren ihre Heilwirkung entfalten oder daß Schallwellen nicht nur im Körperinneren Steine zertrümmern oder das Ungeborene sichtbar machen können. Maßnahmen, die noch vor wenigen Jahren oder Jahrzehnten unvorstellbar waren.

Das Farbenspiel der Edelsteine

Es gibt eben „viele Dinge zwischen Himmel und Erde", die uns nicht mehr oder noch nicht verständlich sind. Was übrigens ja nicht nur für Heilkräfte gilt, sondern – beispielsweise – auch im Bereich der Technik: Wer hätte sich noch vor wenigen Jahrzehnten eine Kommunikation via Satellit vorstellen können, wer eine Mondlandung oder Fotos von anderen Planeten...

Solange wir die Schwingungen und Strahlungen der Kristalle und Edelsteine nicht messen können, können wir sie auch nicht ausschließen.

In manchen Bereichen freilich beginnt sich unser Verständnis zu schärfen, neue Wege suchend, entdecken wir alte Geheimnisse und integrieren sie wieder in unseren Alltag.

Das Wissen über die psychologische Auswirkung bestimmter Farben auf den Menschen etwa war schon den ägyptischen Priestern wohlvertraut. Sie nahmen die Zusammenhänge der einzelnen Farben mit den sieben damals bekannten Planeten des Sonnensystems ebenso als gegeben an wie die Zusammenhänge mit dem menschlichen Dasein, wandten entsprechend die Wirkungen der Farben auf Gemüt und Organismus im sakralen Bereich wie im Heilwissen praktisch an. Rot, Orange und Gelb waren Farben, die direkt auf den physischen Bereich einwirkten, Grün neutralisierte die Kräfte, Blau, Indigo und Violett wiederum galten als jene Farben, die spirituelle Kräfte weckten. Ähnliche Farblehren waren und sind bis heute den Mystikern in Indien und China, Tibet und Thailand wohlvertraut, und sie finden auch in unserem Bereich mehr und mehr Verständnis. Wir respektieren Vorlieben für bestimmte Farben nicht nur bei Persönlichkeitstests, beim Autokauf oder der Wohnungseinrichtung, sondern auch bei Blumen, bei der Kleidung oder bei Edelsteinen, die wir als Schmuckstücke auswählen.

Warum also sollten wir dem intensiven Farbenspiel der Edelsteine nicht auch beruhigende oder aufmunternde, reinigende oder heilende

Kräfte zuerkennen? Gerade in der modernen, esoterisch inspirierten Edelsteine-Heilkunde wird immer wieder der Meditationsgedanke zentral angesprochen, die Notwendigkeit zu sich selbst und zu innerer Klarheit zu finden. Farben werden hier als Lichtfrequenzen gewertet, die direkten Einfluß auf die biochemischen Vorgänge im Körper haben. Zugleich haben sie – selbst auf chemischen Vorgängen beruhend – reflektorische Wirkungen auf die körpereigene Chemie und verändern so emotionelle Zustände. Ein Wissen, das Jahrhunderte, ja Jahrtausende in die Menschheitsgeschichte zurückreicht, das auch im Bereich der christlichen Lehre eine unübersehbare Rolle spielt.

Bis ins 13. Jahrhundert ist die Farbensymbolik aus der christlichen Symbolik so wenig wegzudenken wie etwa aus Standestrachten, Kleidererlassen, der Magie oder der Heraldik, aus sakraler Kunst und liturgischer Kleidung, wo sie – wie bei den Steinen – weit über die Äußerlichkeit hinausreichende Bedeutung annimmt. Man denke dabei auch nicht zuletzt an die Schauungen der heiligen Hildegard über den Aufbau des Paradieses. Auch Clemens von Alexandria attestiert den Farben der Steine, aus denen das himmlische Jerusalem gebaut wird, eine bedeutende Funktion.

Hildegard von Bingen hat nicht nur im Bereich der Heilkunde eine besondere Beziehung zu Edelsteinen gehabt. Wenn sie etwa am Anfang ihrer Naturschriften die Schöpfungsgeschichte neu erzählt, neu interpretiert, so schildert sie den Urzustand des Menschen so, daß dort, wo später die Gallenblase ihren Platz fand, ursprünglich ein Kristall gewesen sei. Eine zweifellos vieldeutig interpretierbare Formulierung, die zum einen auf die Bedeutung verweist, die Hildegard den Edelsteinen zumißt, zum anderen auf ihr erahntes, vielleicht geoffenbartes Wissen über die körpereigenen magnetischen Felder, deren Störungen oder Harmonisierung über Krankheit und Wohlbefinden entscheidet. Nicht minder deutlich ist Hildegards Einstellung zu den Edelsteinen, wenn sie in den Bildern ihrer Schau nicht nur die Gewänder der Seligen mit leuchtenden Edelsteinen geschmückt beschreibt, sondern auch den Gottessohn eine „saphirblaue Menschengestalt" nennt.

Am vierten Schöpfungstag entstehen, nach Hildegards visionärer Schau, die Edelsteine, und sie verkörpern kosmische Abläufe wie ein Sonnenloch oder eine Mondfinsternis, sie sind Zierde für den obersten der Engel und Gnadengabe an den Menschen.

Der vielfarbig gebänderte, im Grundton aber meist schwarz-weiß gefärbte Achat ist bei Johann Geiler von Keiserberg Zeichen des Menschen, der allzusehr um das Irdische besorgt ist, die weißen Adern des Steines aber sind Hinweis, daß diese Sorge nicht ganz vermeidbar ist. Lapidaire Chretien deutet das Schwarz des Achat als Symbol der Sündentrauer, das Weiß als Freude über die in der Absolution erlangte neue Reinheit der Seele.

Der Amethyst ist Sinnbild des ewigen Lebens, Ambrosius Autpertus bezeichnet ihn auch als Zeichen der Würde der himmlischen Herrschaft, als Sinnbild der Apostel, die „durch die Verkündigung Gottes in allen Gegenden der Welt zum Gewand des höchsten Königs" wurden. Berengaudus, Absalon von Springiersbach, Alexander Minorita und Ludovicus von Alcasar, der sich weitschweifig und intensiv mit der Edelsteinallegorie befaßte, nennen den Amethyst das Zeichen des Weltenrichters, der Gerechtigkeit und der Milde.

Der Beryll, der von blasser Farblosigkeit bis zu ausgeprägtem Grün schwanken kann, erscheint in verschiedenen Deutungen, eben je nach seiner Farbintensität. Fehlt ihm die Leuchtkraft der Farbe, so verkörpert er Entbehrung, Bedrängnis, Furcht und Tod, nach Johann Geiler aber auch Demut, von der Welt verachtet zu werden und Weisheit zu besitzen, ohne stolz darauf zu sein. Leuchtet er grün, so gehört er – wie Jaspis und Smaragd – zum Geschmeide der Gottesmutter, zu der Pseudo-Ildefons im Zusammenhang mit der Edelsteinsymbolik ein Gebet formulierte: „Du bist das apfeltragende Holz in der Mitte des Paradieses, die du, durch den Fluß der Quelle begossen, grünst und blühst, Laub treibst und Frucht bringst. Du grünst im Keimen einer guten Lebensweise, blühst im Hervorbringen von Tugenden, belaubst dich reich im Ausbreiten frommer Haltung und bringst Frucht in den Werken der heiligen Liebe. Dein Grün macht die Augen des Geistes und des Körpers klar, die Kraft deiner Blätter hilft den Kranken auf, der Duft deiner Blüten erweckt die Toten, die Süße deiner Früchte rettet den Büßenden und den Verzweifelten."

Weil seine Farbe auch auf das Grün des Meeres hinweist, das aus unzähligen Tropfen besteht, gilt der Beryll als das Symbol aller Völker, die am Tage des Jüngsten Gerichts vor Gottes Thron zusammenströmen.

Kennzeichnend ist die mangelnde Farbigkeit auch für den Chalzedon, auch er wird zu den Steinen Mariens gezählt, Zeichen ihrer

Ehrfurcht vor der Botschaft des Engels. Zeichen ihrer Enthaltsamkeit. Dionysius Cartusianus bezeichnet ihn als Zeichen für den Glauben, den kein geschaffener Geist je vollkommen erfassen kann, für den menschlichen Intellekt, der nicht von sich aus leuchten kann. Philippo Picinelli formuliert: „Wenn im Fahlen das Fasten, die Buße und die Abtötung gesehen werden, dann wird derjenige in Gottes Augen am höchsten eingeschätzt, der in der fahlen Farbe der Abtötung die übrigen übertrifft."

Zugleich sieht Picinelli – was eigentlich auch für den Beryll zutrifft – im Chrysolith das Bild des von Stürmen gepeitschten Meeres. Seine goldfarbenen Einschlüsse sind Zeichen des unbeständigen, irdischen Glücks, das nur unter Sorgen bewahrt werden kann. Vor allem aber ist der Chrysolith Sinnbild des Glaubens, des „lebendigen Wassers" und für das Wirken des Heiligen Geistes, bei Pseudo-Ildefons auch für die Bitterkeit Mariens bei der Passion ihres Sohnes. Chrysolith und Beryll verkörpern das unsichere Element des Wassers und werden darum – bei Arethas – zum Sinnbild des Apostels Thomas, dessen Glauben schwankend wird, der aber auch über das Meer in sein Missionsgebiet Indien fährt. Versagen und Vollbringen, Gutes und Böses, Unruhe und Ruhe bedingen einander.

Der Hyazinth, der seines gelegentlichen Farbwechsels, seiner verschiedenen Erscheinungsformen wegen oft Schwierigkeiten in der Zuordnung macht, steht bei Arethas von Caesarea für den Apostel Simon vor dessen Bekehrung, auch für unstetes Denken, weil er bei Wetterwechsel die Farbe ändern soll. Die weichen Tönungen des Hyazinth verweisen nicht zuletzt auf die Vergebung der Sünden, auf die Barmherzigkeit des göttlichen Richters, auf die Bereitschaft zum Mitleiden. Darum wird Christus in der mittelalterlichen Kunst auch oft in einem bläulich schimmernden, hyazinthfarbenen Gewand dargestellt. Unterschiedliche Deutungen gibt es, je nachdem ob der Stein in grünen oder roten Tönungen erscheint, schließlich auch für den Jaspis. Johann Geiler von Keisersberg schreibt beispielsweise, der Jaspis zeige entsprechend seinen roten Adern die feurige Liebe an, dürfe aber nicht mit dem Safrangelb der Schlangenfarbe verunziert sein, die Zorn und Neid bedeute. Nach Heinrich von Kröllwitz bedeutet das unterschiedliche Grün von Jaspis (und Smaragd) die verschiedenen Zustände des Wachsens und des Reifens. Andreas von Caesarea unterstellt dem Jaspisgrün vier Bedeutungen: Es stehe für Petrus, der in der Stunde des Leugnens den Tod Christi in sich getragen habe und ihn in eigenem Martyrium nachvollziehen mußte, der den Herrn aber in immergrüner Liebe geliebt habe und die Herde Christi zur „immergrünen Weide" geführt habe. Eine ähnliche Deutung über den Zusammenhang von Jaspisgrün und Apostelleben gibt übrigens Arethos: Petrus habe eine immergrüne Liebe zum Meister gezeigt, während der Passion aber sei ihn die grüne Angst überkommen, so daß er den Herrn verleugnete. Durch Ströme reuiger Tränen sei er wiedererstarkt und habe die Gläubigen durch den Quell der Taufe zum Ort der Grüne, des ewigen Lebens geführt.

Die Deutungen von Onyx und Sardonyx greifen häufig genug ineinander, letzterer schließlich ist ja auch nichts anderes als mit Onyx gebänderter Sarder. Der Onyx, alleinstehend, wird zum Sinnbild des wenig schmerzhaften Martyriums des Apostels Jakobus. Und aus der Farbähnlichkeit mit dem durchschimmernden Fingernagel erwächst eine vielschichtige Deutung vom Schutz vor Verletzungen des Leibes wie der Seele bis zum Durchscheinenlassen des Blutes Christi durch den mystischen Leib der Kirche.

Die Allegorie der Fingernägel und des Onyx und des Sardonyx findet sich auch in einer der 13 Edelsteinpredigten des Johann Geiler von Keiserberg. Auch ihm ist der Onyx Zeichen der Barmherzigkeit und der Raffgier, der Nagel läßt den Charakter des Menschen gut erkennen.

„Rot als ein Blüt" ist das Leuchten des Rubins, und so bedeutet er nach Heinrich von Kröllwitz in der Allegorie auch die Märtyrer, die um Gottes und des ewigen Lebens willen ihr Blut vergossen haben. Rot, purpurrot kann auch der Saphir leuchten, und Ambrosius Autpertus sieht darin die höchste Stufe der Liebe, die – wie Christus – um der Freunde willen das eigene Leben opfert, die zur eigenen Vollendung des Opfertodes bedarf. (Bei dieser Deutung spielt wohl auch die Herkunft der Purpurfarbe eine Rolle, für die einstens Tausende und Abertausende von Purpurschnecken ihr Leben lassen mußten.) Purpurrot ist in der Allegorie die Engelschar, die Christus während seiner Passion stärkend beisteht. Das feurige Rot des Rubin wie des Saphir kann aber auch die glühende Liebe zum Herrn bedeuten, das Erfülltsein vom Heiligen Geist – der ja in glühenden Zungen am Pfingstfest herniederkam – und schließlich das Feuer des Weltgerichts. Spielt der Saphir dagegen das helle Blau aus, so wird er, in Gesellschaft des Hyazinth, später gelegentlich auch des Türkis, zu einer der wichtigsten Steine in der christlichen Allegorie, zum Symbol alles Himmlischen. Bei Origines, bei Hieronymus, Gregor dem Großen, Albertus Magnus und Beda bedeutet die heitere Himmelsfarbe des Saphir die Majestät Gottes, das Himmlische schlechthin, das Hoffen auf Erlösung, das Verlangen nach der himmlischen Heimat, freiwillige Armut des Christen als sein Pfand für himmlisches Bürgerrecht. Johann Geiler beschreibt den blauen Saphir außerdem als Symbol der Loslösung von allem irdischen Streben, als Führer zum Himmel, als Symbol der Armut, mit der auf Erden der himmlische Reichtum erkauft werden kann, auch als Sinnbild jener „Armen im Geiste", denen das Himmelreich verheißen ist. Im mittelalterlichen „Rheinischen Marienlob" trägt die Gottesmutter den blauen Saphir als Zeichen ihrer Herzensreinheit, ihrer Lauterkeit, des Herzensfriedens, den sie auf die Betenden ausströmt. Nach Heinrich von Kröllwitz ist das Saphirblau aber auch Zeichen der Beichtenden, deren Seele nach der Absolution wieder rein und leuchtend sein soll wie dieser Stein. Die gelbe Varietät des Saphir endlich gilt als Todesfarbe, als Symbol des Mangels und der Entbehrung, des mit Wunden übersäten Leibes Christi, aus dem sich die Seele löst, um durch ihre Höllenfahrt die Hölle zu überwinden.

Breiten Raum in der christlichen Edelsteineallegorie nehmen Sarder und Sardonyx ein, der von weiß-schwarzen Onyxeinlagerungen durchzogene rotbraune Sarder. Vom Sarder sagen Gregor der Große und Ambrosius Autpertus, sein Name bedeute rote Erde und damit verkörpere er Adam, der nach hebräischer Tradition aus roter Erde geschaffen sei. Ludovicus ab Alcasar meint, wenn man den Sarder aufmerksam anschaue, erscheine er wie menschliches Fleisch, das die Natur des Edelsteins angezogen habe, mit Licht, Unvergänglichkeit und Herrlichkeit. Und welches Symbol könne schöner und angemessener erdacht werden, um Christi Auferstehung zu bedeuten?

Die Dreifarbigkeit des Sardonyx wird bei einigen Autoren als Gesamtheit gedeutet, bei anderen werden die Farben der einzelnen Schicht Anlaß zu ganz und gar getrennter Beurteilung. Die schwarzen und weißen Zeichnungen in der roten Grundfärbung besagen nach Hugo von Saint Cher, daß der Mensch um seiner Heiligung willen die dunklen Schwächen geduldig ertragen müsse. Bei Beda gilt das Schwarz als Zeichen der Demut, die durch unser Wissen um mangelnde Heiligung bedingt sein müsse. Petrus Berchorius meint noch drastischer, so sollten wir wahrhaftig schwarz sein aufgrund der Demut, weil Schwarz eine niedrige und verachtete Farbe ist. Schwarz ist auch das Dunkel, das verbirgt, was von der Welt verachtet wird, beispielsweise – nach Joachim von Fiore – den Zustand der Unwissenheit. Schwarz schließlich symbolisiert den Zustand der von Sünde verdunkelten Seele und den Zustand des Apostels Philippus, ehe er zum Dienst am Herrn berufen wurde.

Im Weiß dagegen ist das Licht der göttlichen Botschaft eingefangen, der Glanz des Glaubens, die körperliche und geistige Reinheit. So kann Heinrich von Kröllwitz die weißen Adern des Sardonyx als Zeichen jüngfräulicher Keuschheit deuten, während es Pseudo-Hugo von Fouilloy seiner gewundenen Musterung wegen zum Symbol der Unwahrhaftigkeit stempelt. Angenehmes und Widriges, Glück und Unglück zeigt der Sardonyx nach Chretien, dauerhafte Stärke dagegen nach Ludovicus ab Alcasar, weil „bei den Alten der Brauch gepflegt wurde, durch ein schwarzes Steinchen einen Unglückstag, einen Glückstag durch ein weißes Steinchen zu kennzeichnen". Nicht nur Glücks- und Unglückstage übrigens, sondern auch die Ja- und Neinstimmen, die bei Losentscheidungen oft über Leben und Tod entschieden. Und was könnte sich unter diesem Gesichtspunkt besser als Symbol für die Höllenfahrt Christi eignen als der Sardonyx, jener Höllenfahrt, die den Verdammten ewige Pein, den Erlösten aber ewige Seligkeit brachte.

Zurück zum im Sarder eingelagerten Onyx, der schließlich eine letzte, unserem Hygienebewußtsein ein wenig kurios erscheinende Symbolik bringt. Ihr zufolge nämlich verdeutlichten diese drei Farben den Fingernagel: das Rot körperlichen Leidens, das Weiß der Reinheit und das Schwarz der Demut. Auch der Fingernagel selbst kann, seiner geringen Bedeutung wegen, mit der Demut gleichgesetzt werden, ist aber nach Johannes von San Gemigniano auch ein bedeutendes Merkmal zur Charakterbeurteilung eines Menschen, denn der Raubtierkralle oder der Vogelklaue ähnlich kann er auf Raffsucht, Geiz und Unbeherrschtheit hinweisen.

Leuchtendes Grün, wie es gelegentlich der Beryll und der Jaspis zeigen, vor allem aber der Smaragd, gehört zu den wichtigsten Symbolfarben mittelalterlicher Mystik. In den Texten der heiligen Hildegard steht es für die Erde und ihre Lebenskraft. Die „Grünkraft" des Menschen ist immerwiederkehrendes Symbol für die Schöpferkraft Gottes. Grün kann aber auch die menschliche Existenz Christi bedeuten, die Strenge der Apostel gegen die uneinsichtigen Sünder, die Gnade Gottes und die Vollkommenheit des Menschen vor Gottes

Angesicht, also seine Berufung zum ewigen Leben. Grün entspricht dem Rhythmus der Vegetation, dem unverwelkbaren Glauben, der immerwährenden Hoffnung, so jedenfalls definieren Beda und Pseudo-Hugo von Fouilloy. Richard von St. Victor deutet das Grün der Edelsteine als Symbol für das nie verwelkende Verlangen des Menschen nach der ewigen Heimat und nach Beda wird der Glaube des Christen durch die „spirituelle Feuchte" des Grüns gestärkt. Nach der Deutung Heinrichs von Kröllwitz verkörpert der Smaragd die Propheten des Alten, des regelstrengen Testamentes, das nicht Frucht bringt, das mildere Grün des Jaspis dagegen das Neue, das von Liebe geprägte Testament der Apostel, das die Süße der Reife in sich trägt. Entsprechend der griechischen Mythologie allerdings verkörpert Grün keineswegs den Zustand des Wachsens und Werdens, die Schöpfungskraft, sondern vielmehr den Tod und das Dahinbleichen und wird so, nach Andres von Caesarea, zum Symbol für den Tod Christi. Mit dem Topas, der wiederum in verschiedenen Ausfärbungen gefunden wird, schließt sich der alphabetische Reigen jener Edelsteine, die einst der Theologie zur Ausdeutung der Bibel, der Lehre vom christlichen Leben und Sterben dienten. Zeigt er sich in leuchtender Feuerfarbe, so wird der Topas zum Symbol des Heiligen Geistes und mit dem neunten Credoartikel verglichen. Der Heilige Geist heilt die in der Brust des Menschen wohnende Seele und somit auch alle Erkrankungen des Brustraumes wie die Lunge, er macht das Gift der Schlangen unschädlich und rettete den Lieblingsjünger des Herrn vor dem Tod. Der Topas verhilft zu kontemplativen Gedanken und lindert Todesqualen, steht für das Erfülltsein des Menschen mit dem Feuer göttlichen Eifers. In blutroter Variante ist der Topas Symbol für das Martyrium des Apostels Matthäus. Beda ordnet die blaue Variante des Topas den himmlischen Steinen zu und Ludovicus ab Alcasar reiht die grüne Variante in die gleichen Eigenschaften ein, die dem Smaragd zugesellt sind. Die Deutungen widersprechen sich aus unserer Sicht gewiß nicht gerade selten. Aber man darf nicht übersehen, daß zum einen unter dem gleichen Namen nicht immer der gleiche Stein gemeint ist, beispielsweise wurde der uns als Lapislazuli bekannte Stein früher oft als Saphir bezeichnet, der Peridot gelegentlich Topas genannt. Um solche Widersprüche wissend, weist beispielsweise Ludovicus von Alcasar ausdrücklich darauf hin, daß die Bibelautoren, der Grieche Theophrast und der Römer Plinius unter dem Saphir den gleichen Stein gemeint hätten.

Man darf auch nicht übersehen, daß gerade die Bilder der Allegorien, je nach ihrem Ausgangspunkt, verschiedene Wege in den verschiedenen Kulturkreisen gingen und in mancher Zeit geändert werden mußten, sollten sie den Menschen in Herz und Verstand erreichen. Welche Änderungen der sprachlichen Idiome bedarf es heutzutage, um die Begriffe dem Wortschatz der Zuhörer anzunähern!

Doch kann man weitestgehend davon ausgehen, daß die optische Verwandtschaft der Dinge in der Deutung auch immer eine innere Nähe bezeichnen soll. Wenn das Gold nur durch Erhitzen, also durch „Quälen" seine höchste Reinheit erlangt, so deuten gelber Saphir, gelber Chrysolith oder Goldtopas an, daß auch der Mensch seine Reife nicht ohne Prüfung erreicht. Die Farbe des Goldes meint also spirituelles Streben, die notwendige Läuterung. Sie wird, nach dem Minoriten Alexander, auch zum Zeichen der Geduld, mit der diese Läuterung ertragen werden und in Gehorsam hingenommen werden muß, denn „ohne Gehorsam ist alle Tugend tot". So etwa kann das Farbenspiel des Chrysolith zum Symbol für die Himmelfahrt des Weltenherrschers gedeutet werden, denn hier finden sich das Grün der Hoffnung und des ewigen Lebens, das Blau der Himmelssphären, das Weiß der Heiligkeit und der Goldglanz des Göttlichen zusammen.

Gold spielt im übrigen bei Hildegard eine nicht unbedeutende Rolle in der Heilkunde – und es wird ja auch heute noch in ihrem Sinne verwendet, nämlich bei rheumatischen Leiden. Sie schreibt über die Goldkur:

Gold „hat die Natur wie die Sonne und fast wie das Element Luft. Wenn ein Mensch rheumatisch ist, dann nehme er das Gold, koche es so, daß in ihm nichts mehr vom Schmutz vorhanden ist, doch auch so, daß ihm nichts verloren geht und dann mache er es zu Pulver. Dann nehme er ein wenig feines Mehl, etwa eine halbe Hand voll und knete es mit Wasser. Diesem Teig füge er vom Goldpulver so viel zu, wie ein Obolus wiegt (0,7 Gramm) und esse das morgens nüchtern.

Das gleiche tue er am zweiten Tag, nur backe er jetzt aus dem Mehl und dem Goldpulver Plätzchen und esse diese an diesem zweiten Tag nüchtern. Dieses so zubereitete und gegessene Gold befreit ihn für ein ganzes Jahr vom Rheumatismus.

Dieses Gold liegt zwei Monate lang im Magen, es greift die Schleimhaut nicht an und macht sie auch nicht geschwürig. Dagegen wärmt und reinigt es, ohne den Magen des Menschen zu gefährden, wenn man erkältet oder verschleimt ist. Wenn das ein Gesunder macht, erhält es ihm die Gesundheit, macht es ein Kranker, wird er gesund". Fälschlicherweise haben Alchimisten aus der Kraft des Goldes oft abgeleitet, man müsse aus ihm das geheimnisvolle Allheilmittel gegen jede Erkrankung gewinnen können. Ein solches Allheilmittel kennt auch die heilige Hildegard nicht – nur Paracelsus von Hohenheim soll der Legende nach ein winziges Fläschchen davon besessen haben, Gabe eines Dämons, den er aus einem Bann erlöste.

Anlehnungen der Deutungen gibt es bei vielen vertrauten Begriffen, nicht nur bei Gold und Silber, Blut oder Feuer. Oft werden auch Bezüge zu Blumen oder Kulturpflanzen hergestellt, besonders zu solchen, die sich weiter Verbreitung erfreuen oder die ihrerseits heilende, kräftigende Wirkung haben. So stellt Ludovicus ab Alcasar enge Bezüge zwischen dem Lauch und dem lauchgrünen Topas her, schreibt dem Stein zwölf verschiedene Heilwirkungen zu – wie schon Plinius – und läßt die gesundheitsfördernde Kraft der Gemüsepflanze damit nicht außer acht. Ähnliches gilt für den „veilchenfarbenen" Amethyst. So wie die Blüten, zum Kranz geflochten, die Folgen des Rausches vertreiben und den Kopf klar machen sollen, tut dies auch der Stein. Zugleich aber reinigt er auch die Gedanken und die Seele, kann also dem letzten Credoartikel zugesellt werden, der Hoffnung auf das ewige Leben, weil mit der Wirkung des Amethyst auch der Rausch irdischer Begehrlichkeit aus dem menschlichen Denken vertrieben wird.

Weder bei der Beschreibung der Heilkraft noch bei den biblischen Allegorien bleiben im übrigen die Bilder auf Edelsteine und Halbedelsteine beschränkt. Immer wieder tauchen Bernstein, Perlen und Korallen auf. Von letzterer sagt Johannes von S. Geminiano: „Die rote Farbe meint die Röte der Buße und des Bekenntnisses. Denn mit je mehr Scham die Reue geschieht, desto stärker ist sie. Das Erröten ist, da es Strafe bedeutet, schon ein großer Teil der Wiedergutmachung". Auch wenn naturkundlich falsch, werden Bernstein, Perlen und Koralle vielfältig in den Bereich der Edelsteinkunde einbezogen, nicht zuletzt, wenn sie in mittelalterlichen Marienhymnen als Schmuck und Krone der Gottesmutter beschrieben werden.

Die Begründung der Litho-Therapie wie die Kritik an ihr haben verschiedene Ansatzpunkte. Beider Wurzeln aber liegen gleichermaßen im praktisch-naturwissenschaftlichen wie im religiösen Bereich. Grundlage der magisch und magisch geprägten Edelsteinmedizin ist die Lehre von Sympathie und Antipathie, deren Spannung den Kosmos erhält, die als Gut- und Böse-Dualismus die Religionen und damit das Seelenleben des Menschen prägt.

Kritik begleitete die Edelsteinmedizin von der Antike an: schon bei Plinius ist sie mit spürbarer Emphase angelegt. Im zweiten Jahrhundert wies der Kirchenlehrer Quintus Septimus Tertullian auf den mineralisch-schlichten Charakter der Edelsteine hin, im 13. Jahrhundert lehnte Albertus Magnus die magische Wirkung der Steine oder deren beseelte Einflußnahme auf den Menschen ab und verwies deutlich auf die spezifische Art der mineralischen Zusammensetzung. Isidor von Sevilla wendet sich nicht weniger deutlich gegen den tradierten Aberglauben, der – anstelle des wahren Glaubens an göttliche Geheimnisse – die Edelsteine umgibt. Um 1230 wird aus der Feder des sogenannten „Strickers" herbe Kritik laut, der praktische Beispiele zur Wirkungslosigkeit der Edelsteinmagie nennt, wie etwa, daß die kaiserlichen Insignien eine große Anzahl bester Edelsteine enthalten hätten, dennoch sei Konstantinopel beraubt und der römische Kaiser ermordet worden.

Inwieweit der „Stricker" mit seinen ausführlichen Hinweisen auf billigere und effektvollere Heilmethoden überhaupt ernst genommen werden will, sei dahingestellt. Auf jeden Fall liefert seine spöttisch-ironische Schrift dem Volmar optimale Gelegenheit, vom religiösen Standpunkt aus auf die Steinmedizin hinzuweisen.

Magische und medizinische Wirkungen stehen nicht gegeneinander, sondern jahrhundertelang nebeneinander. Warnungen und Kritik desgleichen. Warnt Petrarca noch ausdrücklich vor übertriebenen Hoffnungen auf die medizinische Wirksamkeit der Edelsteine, so will, um 1720, der Hersfelder Theologe Conrad Mel sie ausschließlich als symbolischen Hinweis auf Christus verstanden wissen. Er schreibt:

„Die Edelsteine bedeuten: In Ansehung Christi seine göttlichen Tugenden und Eigenschafften / womit unser Aaron geziert war: / Wir lassen die fabulose Erzehlungen der Alten von der Krafft der Edelgesteine fahren / wohlwissende / daß solche capita mortua dergleichen naturliche Wirckungen nicht haben / als daß der Sardis solle das Gifft vertreiben: / Der Topas siedheisses Wasser kalt machen: Der Rubin gut seyn gegen böse Träume: / der Saphir einen Menschen fromm und andächtig machen: / Ein Lyncurier ein tapfferes und großmuthiges Hertz geben: / Ein Amethyst bey grosen Herren beliebt machen:

Ein Turckis Gesundheit und Kranckheit / dessen ihn trägt anzeigen: der Jaspis die Geburt befördern / das Blut stillen und das Hertz erfreuen etc. / Ich sage alle dergleichen Dinge lauffen auff das fabulose Sagen der Alten aus / welches die Erfahrung mehr als tausendmal widerlegt hat / auch in der Natur und der gesunden Vernunfft wenig Grund findet. Darum wollen wir aus solchen Fabeln kein Geheimnuß machen: Genug / Genug, daß die Edelgesteine andere Eigenschafften haben / die den Liebhabern der verborgenen Warheit / Anlaß geben zu gedenken an Christus und seine göttlichen Eigenschaften".

Ein gewiß nicht uninteressanter Hinweis darauf, wie weit über das Mittelalter hinaus die Volksmedizin an die Wirkung der Edelsteine glaubte...

Mittelalterliche Volksmedizin oder Magie

Die Erkenntnisse moderner Medizin

Breitgefächert sind Überlieferungen alter Volksmedizin, antiken Planetenglaubens und mittelalterlicher Mystik heutzutage in die Heilverfahren der Esoterik übernommen worden, Zusammenhänge, die sich oft genug erst auf den zweiten und dritten Blick offenbaren, Zusammenhänge, die manchem Traditionalisten klerikaler Prägung unangenehm erscheinen mögen, weil sie – mancher symbolischen Deutung entkleidet – nur auf die frühesten Ursprünge verweisen.

Überall dort, wo man sich mit dem Thema beschäftigte und beschäftigt, werden den Edelsteinen bestimmte Kräfte zugeschrieben, die sie an ihren Besitzer oder Träger, an Heilkundige und Leidende weitergeben können. Positive wie negative Kräfte: für letztere wäre beispielsweise an all die großen, berühmten Diamanten zu denken, die ihren Besitzern alles andere als Glück brachten.

Die Kraft der Edelsteine wird verstärkt, wenn es besondere Verbindungen zwischen dem Stein und seinem Besitzer gibt, beispielsweise im Sinne eines Monats- oder Geburtssteines, auch im Sinne eines religiösen Amuletts. Hier sollte man wohl nicht übersehen, daß die alten Kulturen, bei denen die Edelsteine in hohem Rang standen, gleichzeitig diejenigen waren, die sich auch mit den Tierkreiszeichen des Sonnenjahres und damit auch den unterschiedlichen Lebensläufen des Menschen befaßten. Zu den bedeutendsten Funden der Astro-Archäologie, der Archäologie also, die sich mit frühgeschichtlicher Astronomie beschäftigt, gehören neben ägyptischen Sarkophargen, auf deren Innendeckeln ein Himmelrad mit den uns vertrauten Sternzeichen zeigen, die Decke des Hathortempels in Dendera mit einem herrlichen Tierkreisrelief und gehört nicht minder das Tierkreismosaik im Boden der früh-jüdischen Beth-Alpha-Synagoge, das – in christlicher Zeit – seine späte Entsprechung in der Dormitio-Abtei auf dem Zinsberg findet.

Die Sonne verkörpert in vielen alten Mythen, nicht nur in Ägypten, das Prinzip der männlichen Schöpferkraft, ihre Farbe ist Blutrot. Mond, Mars und Jupiter sind der Sonne in Freundschaft zugeneigt, Venus und Saturn stehen ihr feindlich gegenüber. Zugeordnet aus dem Reich der Mineralien ist der Sonne der Rubin, der bei Impotenz, Herzleiden, Blutverlust, Tuberkulose, Fieber, Appetitlosigkeit, Diabetes, trockenem Husten seine Heilkraft entfaltet.

Dem Mond, dem Herrscher über das Wasser und die Meere, ist die Perle zugeordnet, die gegen Asthma, Tuberkulose, Husten und Geisteskrankheiten wirksam ist.

Der Mars ist durch die Koralle versinnbildlicht, die nicht nur bei den Römern ein weitverbreitetes Schutzamulett war und an manchem Rosenkranz ihren festen Platz hat, sondern auch gegen chronisches Fieber, Kurzatmigkeit, Ausfluß, Gelbsucht, Masern, Stillschwäche, Geschlechtskrankheiten, vorzeitigen Samenerguß, Epilepsie und Diabetes sowie bei schwierigen Knochenbrüchen Heilwirkung haben soll.

Der Smaragd ist dem Merkur zugeordnet, der gegen Nierensteine, Koliken, Leukodermie, Sprach- und Hörbehinderungen, Gelbsucht, Schwellungen der inneren Organe und Verdauungsstörungen helfen soll.

Jupiter, dem Lehrer der Götter und dem Beweger des Kosmos, wird der gelbe Saphir zugeordnet, seine Heilwirkung ist schleimlösend, hilfreich bei Asthma, Schwächezuständen, krampfhaftem Erbrechen, bei Lepra, Apoplexie und gegen Tumorbildung.

Der Diamant untersteht Venus, er hilft gegen Tuberkulose, Fettleibigkeit, cholesterinbedingte Beschwerden, Störungen der Vitalfunktionen, Magenleiden, Lähmungen, Durchblutungsstörungen, Anaemie und Gelbsucht.

Dem Saturn wird der Saphir zugeordnet, der bei chronischem Fieber, Asthma und Verschleimung, Epilepsie, Neuritis und Gelenkschmerzen hilfreiche Stein.

Doch nicht nur Steine, die den Planeten oder den in einem bestimmten Tierkreiszeichen geborenen Patienten zugeordnet sind, verwendet die moderne, esoterisch ausgerichtete Naturheilkunde. Der Hyazinth, ein Stein aus der Zirkongruppe, wird gegen akute Gastritis, Tuberkulose, Gelbsucht, Rheuma, Schwellungen der Gebärmutter und den Verlust des Geschmackssinnes eingesetzt, der Chrystoberyl – das sogenannte Katzenauge – gegen Hautkrankheiten und

Rheuma, der Achat bei Herzschwäche, Augenbeschwerden, Husten mit blutigem Auswurf und Weißfluß.

Der Amethyst gilt als Lieblingsstein der Astrologen und Edelstein-therapeuten, denn er soll das elektrochemische Gleichgewicht im Körper wiederherstellen können, Unruhe und Angstzustände besei-tigen und eine reinigende Wirkung haben, die sich auch auf das Nervensystem und den Seelenzustand auswirkt. Womit sich der Kreis zwischen Magie und Heilkunde, Astrologie und Kult, auch dem christlichen, wohl deutlich genug schließt. Für den Ausgleich der elektromagnetischen Felder im Körper soll die aquamarinfarbene Variante des Beryll sorgen, der zugleich beruhigende Wirkung nach-gesagt wird. Eine ähnliche Wirkung auf elektromagnetische Felder wird übrigens dem Bernstein zugeschrieben, der in den vielfältigen Anwendungsgebieten seine Stellung bis heute behaupten kann, als „Beißstein" für zahnende Kinder, als Aphrodisiakum, als Förderer der seelischen Ausgeglichenheit.

Der Heliotrop schenkt Stärkung und Erhaltung der Sehkraft, hilft gegen Anaemie und zu starke Menstruationsblutungen, der Granat wirkt blutstillend und schafft Hilfe bei steinbedingten Krankheiten der inneren Organe, Jade wendet man bei Nierenleiden an, sie ver-leiht außerdem Ausdauer und schenkt langes Leben. Karneol hilft gegen Fieber, Lapislazuli gegen Hämorrhoiden, Gelbsucht, Tuber-kulose und Schlaflosigkeit. Außerdem wird daraus eine Augensalbe bereitet. Der Malachit verrät schon durch seinen volkstümlichen Namen „Nierenstein" seine Heilkraft gegen Entzündungen der Niere und des Nierenbeckens sowie gegen Nierensteine.

Mondstein wird gegen Fieber, Kopfweh und hohen Blutdruck einge-setzt, die verschiedenen Quarzkristalle sorgen für das elektrochemi-sche Gleichgewicht im menschlichen Körper, Serpentin heilt Magen-verstimmungen, Typhus und hohen Blutdruck. Topas war schon den alten Römern ein bewährtes Amulett gegen Erkrankungen des Brust-korbes und des Unterleibes und findet noch heute entsprechende Anwendung. Der Turmalin heilt die klassischen Geschlechtskrank-heiten, Gelbsucht, Tuberkulose, hilft aber auch gegen Unfruchtbar-keit und Erkrankungen der Gebärmutter. Der Türkis ist blutreini-gend und wirksam gegen Kopfschmerzen und Augenleiden. Der Zirkon schließlich ist ein Heilmittel gegen Nervosität, Gastritis, Husten und Rheuma, außerdem ist er appetitanregend.

Die Edelsteintherapie in der esoterischen Heilkunde ist in hohem

Maße meditativ geprägt, verlangt die Geduld des Patienten und die intensive Zuwendung des Heilkundigen. Meist sind komplizierte Regeln bei der kombinierten Anwendung der verschiedenen Steine zu beachten, immer aber ist die Versenkung des Patienten in seine eigene seelische Struktur, in die Aufarbeitung seiner Probleme, vonnöten, sein Willen, sich als Geschöpf in die kosmische Ordnung einzufügen. Der Lernprozeß des modernen Menschen scheint sich, wenigstens in manchen Bereichen, dem mittelalterlichen Wissen von der Zuordnung des Geschöpfes zum Schöpfer und der Schöpfung schrittweise anzunähern. Auch wenn es bislang nur wenige sind, die diese Wege mitzugehen bereit sind, auch wenn der Großteil der Menschheit, zumindest im Bereich der Industriestaaten, lieber der Schul- und Gerätemedizin vertraut. Doch auch hier lassen sich immer deutlicher Ansätze erkennen, daß das eine das andere nicht ausschließen muß, daß das Miteinander von Schulmedizin und Naturheilkunde oft genug überzeugende Ergebnisse bringen könnte.

Überhebliches Lächeln, mit dem sich manche konservativen Schulmediziner gerne über das Thema Edelstein-Medizin mokieren, ersetzt nicht die Beschäftigung mit einem jahrtausendalten Wissen. Hat man nicht vor wenigen Jahren auch noch über jene russischen Forscher gelächelt, die die Aura von Pflanzen fotografierten und behaupteten, Pflanzen könnten Angst oder Freude empfinden? Und wie lange ist es schon her, daß man anfangen konnte, mit EEG und EKG, die elektrischen Signale der Körperfunktionen zu messen, den Embryo im Mutterleib zu beobachten? Und werden nicht im Bereich der Computerindustrie oder der Radiotechnik elektrische Impulse durch Kristalle geleitet? Versteht der Laie heutzutage von diesen technischen Praktiken so gut wie gar nichts, so akzeptiert er sie doch als selbstverständlich.

Mögen die antiken oder mittelalterlichen Heilkundigen von den Leistungsfähigkeiten der Kristalle gewiß kein dediziertes Wissen gehabt haben, auch nicht von der chemischen Zusammensetzung der Edelsteine, so waren ihnen doch, wie den Schamanen oder Medizinmännern anderer Kulturkreise, diese geheimnisvoll-unsichtbaren Kräfte vertraut und sie ahnten zumindest die Möglichkeit, körpereigene Energien zu beeinflussen.

Warum sonst hätten alle alten Kulturen die Steine geehrt, ihnen magische Kräfte und Heilwirkungen zugeschrieben, sie in engen Bezug zu Göttern und Dämonen gesetzt? Heilwirkungen auf der

Basis der Harmonisierung der elektromagnetischen Schwingungen sind dem Europäer vielleicht schwer verständlich; daß alte Kulturvölker nicht nur im fernen Osten, in Südamerika, auf den pazifischen Inseln unverbrüchlich daran glauben, sollte uns zumindest zu denken geben.

Durch das Eindringen des von Kristallen ausgehenden farbigen Lichtes, also Teilen des Spektrums, in die Aura des Menschen kommt es – nach Aussagen bestimmter Richtungen in der modernen Ganzheitsmedizin – zu einer Hypersensibilisierung, die bei verantwortungslosem Umgang ebenso zu Störungen führen kann wie zur Heilung oder Selbstheilung, wenn Heiler und Patient die richtige Einstellung zur Heilpraktik und zur inneren Struktur des Lebens haben. Die Anwendung von Heilkristallen verlangt also, wie jedes ärztliche Bemühen, hohes Verantwortungsgefühl – Scharlatanerie oder „Möchtegern"-Aktionen können nicht nur wirkungslos bleiben und Schaden anrichten, sie bringen auch uralt vererbtes Wissen in Verruf und machen sensitiv begabte Menschen lächerlich.

Zusammenhänge zwischen Körper und Seele, zwischen physischen und spirituellen Daseinsebenen gelten nicht nur in religiösen Bereichen, es kommt nicht von ungefähr, daß man psychosomatischen Erkrankungen immer größere Aufmerksamkeit schenkt, auch wenn die herkömmliche Schulmedizin ihnen nicht immer zu begegnen weiß.

Die Nutzung von Kristallen zu Heilzwecken geschieht auf zwei Ebenen: durch das Einnehmen von Pulvern, Abkochen oder Auszügen und die Anwendung von Salben einerseits, durch die Nutzung von Lichtschwingungen, die das elektromagnetische Feld des Patienten ordnen und so seine Selbstheilungskräfte stärken – also den äußeren Kontakt – auf der anderen Seite. Die heilige Hildegard beschritt beide Wege, beschritt sie aufgrund der ihr bekannten Überlieferungen, aus Intuition, aus Wissen, das ihr in visionären Bildern zugeflossen sein mochte.

Bis ins ausgehende 18. Jahrhundert war im übrigen die Verwendung pulverisierter Edelsteine in Europa durchaus üblich. Genügend alte Apothekergefäße, wie wir sie noch im Klosterbesitz oder in Museen finden, beweisen das durch ihre Aufschriften nur allzu deutlich, nicht weniger die Eintragungen in antike Medizinbücher. Natürlich können nicht alle alten Rezepturen unbesehen übernommen werden, doch werden eine ganze Reihe von Elexieren, die schon Hildegard empfahl, heute in der alternativen Medizin verwendet – und zwar mit gutem Erfolg. Gerade so, wie man die Wirksamkeit alter Kräuter- und Pflanzenauszüge wiederentdeckt und mittlerweile auch in der pharmazeutischen Industrie gebraucht.

Mineralien sind uns in Form gängiger Medikamente wohlvertraut, bei Aufbaupräparaten, Kosmetika in alltäglichen Nahrungsmitteln – und in Form von lebens- oder gesundheitsbedrohenden Schadstoffen. Warum sollten die Mineralien, deren sich antike oder mittelalterliche Heilkundige bedienten, weniger wirksam sein? Nur weil sie anstelle der uns zur Verfügung stehenden industriellen Aufbereitung auf selbstgemachte Pulver, Abkochungen oder Destillate zurückgreifen mußten, weil sie ein uns fremdes Vokabular verwandten? Die Präparation, die oft tagelanges Pulverisieren im Mörser oder dutzendfach wiederholte Abkochungen verlangte, hatte weniger den heute oft vermuteten Aberglaubenaspekt, sondern ist allein aus den technischen Gegebenheiten zu erklären.

Und die Anwendung winzigster Wirkstoffmengen, wie sie vielleicht in den Edelsteinauszügen oder -abkochungen der heiligen Hildegard wirksam wurden, ist in der Homöopathie noch heute ganz selbstverständlich. Was schließlich sind – eigentlich sagt es doch schon der Name – die vielgeliebten und hochgeschätzten Mineralwasser anderes als Wasser, in dem sich im Erdinnern mineralische Wirkstoffe in geringer Dosierung gelöst haben? Daß sie bei den verschiedensten Nieren-, Gallen- Magen- oder Lebererkrankungen wirksam sind, daß es Gegenindikationen gibt, gehört doch zum Alltagswissen einer jeden Hausfrau. Ganze Ortschaften, ja Landschaften leben vom Zustrom der Kranken, die durch das Baden in heilkräftigem Quellwasser Hilfe suchen, die täglich im Kurbad ihre Wassergläser leeren. Vielleicht könnte man hier auch einen Gedanken an die Aussagen der heiligen Hildegard verwenden, die in ihren Naturschriften anmerkt, es gäbe siebenerlei verschiedene Wasser. Ob die Formulierung, die bis heute nicht entschlüsselt ist, auf die uns wohlvertrauten Mineralwasser deuten könnte? Auszuschließen ist es nicht.

Es bedarf, genau genommen, gar nicht so gewaltigen Umdenkens, um Edelstein-Medizin zu akzeptieren und ernst zu nehmen, wir müssen nur den Schleier des Aberglaubens ein wenig lüften, den Fehlinterpretation und Ignoranz durch Jahrhunderte darüber gebreitet haben, wir müssen nur das alte Vokabular gegen unseren gewohnten Wortschatz austauschen, wir müssen uns nur einmal vor Augen führen, was Edelsteine eigentlich wirklich sind. Minerale, die durch ihre besondere Verdichtung während der Entstehung kristalline Formen angenommen, durch das Einschmelzen von Metallen oder Metalloxyden ihre leuchtende Färbung angenommen haben.

Und wir müssen begreifen lernen, daß die schnelle Verabreichung eines Tablettensortiments, die Überweisung an die Apparatemedizin, zwar das Sprechzimmer eines überlasteten Arztes schneller leeren kann als das intuitive Eingehen der Naturmedizin auf die wirklichen Bedürfnisse des Patienten. Wir müssen vor allem begreifen lernen, daß es oft genug die Bequemlichkeit des Patienten ist, der sich mit den wirklichen Ursachen seiner Erkrankung gar nicht auseinandersetzen, sein Seelenleben gar nicht bewußt korrigieren will. Es ist doch kein Zufall, daß mit zunehmender Technisierung, mit zunehmender Erleichterung des Alltagslebens die Rolle des Patienten -- außer im Bereich der Rehabilitation – immer passiver geworden ist. Man will rasch die Symptome einer Erkrankung beseitigt wissen, daß die Ursachen oft genug durch Umstellung der Lebensgewohnheiten, durch eine andere Lebensgestaltung ebenfalls beseitigt werden müßten – das einem Patienten klar zu machen, gelingt vielen Ärzten gar nicht oder nur in langwierigen Gesprächen. Nicht weil die Mediziner dazu nicht in der Lage wären, sondern weil die Patienten viel zu bequem, zu festgefahren in ihrer Alltagspraxis sind, um darauf zu hören.

Die Fragen, die für das Ineinandergreifen alter Naturtraditionen und moderner Medizin gelöst werden müßten, sind vielschichtig und kompliziert. Ehe wir die Edelstein-Medizin der heiligen Hildegard pauschal ablehnen und mit überheblichem Lächeln die Wirksamkeit von Kristallen auf das Wohlbefinden des Menschen ableugnen, sollten wir uns bewußt machen, wie sehr wir alltäglich davon profitieren, wie sehr wir auch alltäglich unsere Gesundheit gefährden.

Die wohl bekannteste Mineralverbindung, die einerseits für unser Leben unentbehrlich ist, andererseits in zu hoher Dosierung großen gesundheitlichen Schaden anrichtet, ist Natriumchlorid, Kochsalz also, das nicht nur die Herz- und Nierenfunktion beeinflußt, Wasser in den Körperzellen festhält und in zahlreichen Verbindungen in der medizinischen Anwendung bekannt ist. Kochsalzmangel führt zu Dehydrierung des Körpers, was den raschen Gewichtsverlust beispielsweise bei manchen Schlankheitskuren erklärt. Daß Kochsalz im übrigen auch vor radioaktiver Abstrahlung schützen kann, erfahren wir oft genug im Streit um die geplante Endlagerung von Brennstäben in Salzstöcken. Weitere Natriumverbindungen, mit denen wir alltäglich zu tun haben, sind Natriumcarbonat, also Soda, und Natriumbicarbonat, unser Backpulver.

Nicht unumstritten ist auch die Quecksilberverbindung Amalgam, die wohl gebräuchlichste Füllung kariöser Zähne. Sie kann bei bestimmten Patienten eine Stromspannung im Körper erzeugen, die zu ernsthaften Gesundheitsstörungen führt, die aber auch für Ablagerungen vor allem in den Nieren verantwortlich gemacht wird. Daß Quecksilber nicht nur gesundheitsschädlich, sondern tödlich sein kann, haben vor allem japanische Fischer erfahren müssen, die nach dem Genuß quecksilberverseuchter Fische starben. Arsen ist seit Jahrhunderten nicht nur als Rattenvernichtungsmittel und todbringendes Gift bekannt, sondern auch als wirksames Medikament, allerdings in einer homöopathischen Dosierung und nur in ganz wenigen, spezifischen Ausnahmefällen. Immerhin verdanken seiner konservierenden Wirkung sicherlich nicht wenige Leichen, deren mangelnde Zerfallserscheinungen man einstens als geheimnisvoll und wohl als Zeichen der Heiligkeit wertete, ihren mangelnden Verfall. Auch wenn sie vorher langsam aber sicher durch Arsen vergiftet wurden.

Doch natürlich gibt es sehr viel erfreuliche Anwendungsmöglichkeiten mineralischer Stoffe in unserem Alltag. Borax beispielsweise dient in Seifen oder Lotionen als Hautpflegemittel, desgleichen Schwefel mit seiner heilsamen und keimtötenden Wirkung. Zink ist eine hervorragende Salbengrundlage mit positivem Einfluß auf Wundheilung, es wird in der Augenheilkunde und in der Dermatologie angewendet. Seiner adstringierenden Wirkung wegen ist Zink auch in der Urologie in Gebrauch und außerdem Bestandteil des Insulins, das den Stoffwechselmechanismus zur Verarbeitung von Nahrungsmitteln reguliert.

Ganz gewöhnliche, zu feinstem Pulver zerriebene Kreide ist der übliche Grundstoff für Zahnpasten. Magnesium ist ein Erdalkalimetall, im Gewebe wie im Skelett gleichermaßen vertreten führt sein Mangel zu Nervosität bei gleichzeitiger muskulärer Adynamie. Magnesium wird erfolgreich zur Bewältigung von Streßsituationen eingesetzt, kann in Überdosierung aber auch zur Blockade der Nervenendorgane führen.

Calzium ist nicht nur für den Knochenaufbau und stabiles Zahnwachstum unentbehrlich, sondern auch zur Dämpfung allergischer Reaktionen. Die Vorratshaltung von Calciumtrinkampullen ist wohl in allen Haushaltungen selbstverständlich, wo etwa Menschen oder Haustiere allergisch auf Insektenstiche oder bestimmte Blütenpollen, Früchte oder Gemüsesorten reagieren. Calzium ist ebenso wichtig für die Blutgerinnung, für eine normale Muskel- und Nervenerregung, also auch der Herztätigkeit; in Kombination mit Betablockern bewährt es sich darum erfahrungsgemäß zur Minderung von Angina-pectoris-Beschwerden.

Kohlekompretten sind ein bewährtes Mittel zur Entgiftung bei schweren Durchfällen, ja sogar bei Medikamentenvergiftungen. Kohlekompretten sind Kohlenstoff. Und was schließlich ist der Diamant anderes als reinster, kristalliner Kohlenstoff? Ganz selbstverständlich bekommen wir bei Blutarmut und Erschöpfungszuständen nach inneren Blutungen durch Krebserkrankungen, bei mangelnder Ausnutzung der Nahrung Eisenpräparate verschrieben. Wir verwenden Kieselsäurepräparate zur Blutreinigung, geben phosphorhaltige Medikamente (und Lebensmittel) zur Nervenstärkung.

Begegnet uns der Name des Glukokortikoid-Kristalles, wissen wir wenig über ihn, fällt der Name Kortison, fallen uns neben den heilenden Wirkungen auch allerhand negative Nebenwirkungen ein. Daß nach schweren Durchfällen, nach körperlicher Überanstrengung Kaliummangel auftreten und zu gesundheitlichen Schädigungen führen kann, ist bekannt. Kalium ist aber auch unentbehrlich zur Steuerung der elektrischen Vorgänge im Nervensystem, zur Aufrechterhaltung des osmotischen Drucks in den Zellen, zum Eiweißaufbau, für die Kontraktionsfähigkeit der Muskeln und den Stoffwechselabbau der Kohlehydrate.

Jüngste Forschungen lassen vermuten, daß die Verwendung von Weinpokalen aus Blei, die bei den alten Römern üblich war, über die kontinuierliche Lösung von Schadstoffen im Getränk verantwortlich ist für die bei so vielen Caesaren nachgewiesenen, im Alter zunehmenden Geisteskrankheiten. Bleiabsonderungen sind auch im Spiel, wenn wir immer wieder vor der Verwendung von Zinnbechern oder Zinntellern gewarnt werden, von denen feinstoffliche Absonderungen in die Nahrung aufgenommen werden können. Wir erfahren Tag für Tag um schwerste Erkrankungen, die durch das Einatmen von feinsten Asbeststäubchen ausgelöst werden können...

Warum sollten kristalline Mineralien nicht ebenfalls feinstoffliche Absonderungen haben können? Was anderes waren denn die mittelalterlichen Kristallsuspensionen, also die Aufschwemmungen von kristallinen Präparaten in meist wässriger Lösung? Daß der menschliche Körper sie in Form von Mikrokristallen ebenso verwenden konnte wie etwa die uns heute begrifflich vertrauteren Spurenelemente, ist unbewiesen, aber nicht unbeweisbar. Die Wirkung homöopathischer Dosierungen wird für die Naturheilkunde zwar gerne angezweifelt, in der Ernährungsphysiologie aber ebenso sicher anerkannt. Und sie mag durchaus auch für Edelsteine gelten, die bei all ihrer Schönheit, bei all ihrem materiellen Wert letztlich nichts anderes sind als Mineralien, deren chemische Formel heute jedem Mineraliensammler vertraut sind, auch wenn Hildegard von Bingen sie noch nicht kennen konnte. Wirkungslos waren sie damals so wenig wie heute.

Ein übriges: je mehr uns der Glaube an die Wirksamkeit von Edelsteinauszügen – wie sie neben Hildegard von Bingen auch die fernöstliche Heilkunde und esoterisch gestimmte Alternativheiler verwenden – verloren ging, umso bewußter befassen wir uns in der Ernährungslehre mit der Notwendigkeit, im Kochvorgang Mineralstoffe und Spurenelemente zu erhalten. Oder genügend Rohkost zu uns zu nehmen, die dem Mangel vorbeugen will. Spurenelemente kann unser Körper aber nicht nur aus der Nahrung, sondern auch aus dem Trinkwasser und der Luft aufnehmen. Nebenbei: ein Zuviel richtet mehr Schaden als Nutzen an. So weit wir es bis heute nachweisen können, gehören zu den Spurenelementen, deren physiologische Wirkung gesichert ist, Chrom, Eisen, Jod, Kobalt (im Vitamin B 12), Kupfer, Magnesium, Mangan, Molybdän, Selen, Vanadium, Zinn und Zink. Vermutet werden Wirkungen – auch in den geringsten Dosierungen der Spurenelemente – bei Brom, das nicht nur ein traditionelles Beruhigungsmittel ist, sondern auch zu tödlichem Kampfstoff verarbeitet werden kann. Außerdem Fluor, das im aufbereiteten Trinkwasser nicht ausreichend vorhanden, den Zahnschmelz stabilisieren soll, Nickel, Silizium und Strontium. Als wirkungslos auf den menschlichen Organismus werden – vorläufig – die Spurenelemente von Aluminium, Barium, Beryllium, Bor, Caesium, Edelgase, Lithium, Rubidium, Tellur und Titan eingestuft, wobei sich bei Caesium durch seine Strahlungsfähigkeit schon wieder neue Erkenntnisse ergeben haben. Und nicht eben die freundlichsten...

Wenn die heilige Hildegard, oft belächelt, riet, nur das Wasser zu verabreichen, in dem Edelsteine gelegen haben oder ausgekocht worden waren, so hat sie damit im Grunde Heilkräfte angewandt, die wir heute nicht zuletzt den Spurenelementen zuschreiben. Und damit vielleicht Mangelerscheinungen behoben, die in der einseitig-ärmlichen, durch vitaminzerstörende Konservierungsmittel praktisch wertlos gemachte Nahrung bedingt waren. Diese – übrigens auch in fernöstlichen Kulturen verbreitete – Anwendungsform wird heute im Bereich der Alternativmedizin langsam wieder populär.

Üblicher freilich war die Anwendung pulverisierter Kristalle in Form von Aufschwemmungen oder als Pasten. Erste Zeugnisse für diese Anwendungsarten finden wir im europäischen Raum bei den griechischen Schriftstellern, bei Epiphanias, wo es beispielsweise heißt, Pulver von Topas oder Saphir, in Wasser oder Milch verabreicht, diene zur Heilung von Schwellungen und Tumoren.

Edelsteine sind die feinste und reinste Verdichtung von Mineralien, die Kristallisationsvorgänge geschehen unter großer Hitze und hohem Druck. Entsprechend gelten sie als die einzige Energie, die ob ihrer kristallinen Gestalt wegen imstande ist, Energie in Form bestimmter Frequenzen aufzunehmen und wieder abzugeben. Die Mineralien, aus denen Edelsteine bestehen, geben unter vermehrtem Druck elektrische Ladung und bei niedriger Hitze Strahlung ab, physikalische Vorgänge, auf denen nach der Erfahrungspraxis der Edelsteinheiler die positive Wirkung der Kristalle auf den Menschen ebenso beruht wie auf den Grundmineralien ihrer Substanz.

In der esoterischen Edelsteintherapie ist dabei auch die Bedeutung der Farben. Sie werden als Lichtfrequenzen gewertet, die direkten Einfluß auf die endokrinen Drüsen wie auch auf die biochemischen Vorgänge im Körper haben. Zugleich ist ihnen, da sie ja selbst auf chemischen Verbindungen beruhen, reflektorische Wirkung auf die körpereigene Chemie zugeordnet, so daß sie emotionelle Zustände verändern können.

Jene Kristalle, die wir Edelsteine nennen, setzen sich aus achtzehn Mineralien zusammen, wobei Aluminium, Sauerstoff und Silizium in allen Edelsteinen vorkommen. Dazu gesellen sich Beryllium, Eisen, Fluor, Kohlenstoff, Kalium, Kalzium, Kupfer, Magnesium, Natrium, Phosphor, Schwefel, Wasserstoff, Zinn und Zink.

Dank ihrer chemischen Struktur, der Kristallisation reinster chemischer Grundstoffe, können die Edelsteine nach Meinung der Litho-

Therapeuten in Verbindung zum Menschen treten, in dessen Körper sich ja die gleichen Grundstoffe finden. Edelsteine dienen als Träger elektromagnetischer Energie, die die elektromagnetischen Vorgänge des Organismus direkt beeinflußt.

Gleichzeitig schaffen die Kristalle innerhalb des Körpers ein ionisches Gleichgewicht und in seinem engsten Umfeld, sind wirksam durch die Abgabe von Lichtfrequenzen. Akzeptiert man diese Zuschreibung, so wird man zweifellos mehr als eine originelle Ausprägung des menschlichen Schmuckbedürfnisses darin sehen, daß man Edelmetallringe, oder metallgefaßte Steine bevorzugt zwischen den Gelenken des Ringfingers trägt. Bezeichnenderweise nannte man den Ringfinger früher übrigens „Herzfinger". Durch den dauerhaften Hautkontakt, so lehrt uns die esoterische Alternativmedizin, treten die Edelsteine in Wechselwirkung mit Energiefeld des Körpers, geben neben der elektrochemischen auch die sogenannte „pranische" Energie ab, die in etwa mit „Lebenskraft" umschrieben wird. Wobei für letztere Wirkung weitgehend ohne Bedeutung bleibt, ob der Kristall als Schmuck getragen wird oder als Amulett, ob er in Form von Pasten oder Auszügen angewendet oder eingenommen wird.

Ähnlich wie bei vielen frühen, vor allem arabischen Quellen, vermengen sich bei Hildegard, wenn sie auf die Entstehung der Edelsteine zu sprechen kommt, naturkundliche und theologische Bilder:

Edelsteine bilden sich aus Feuer und Wasser, dort wo das Wasser sich an glühenden Bergen erhitzt und die Gischt aufschäumt und großen Druck erzeugt. Die ersten Edelsteine freilich stammen, wie ja auch die Bibelautoren angaben, aus dem Paradies. Dort ist Luzifer, der oberste der Engel, reich geschmückt mit den kostbarsten Edelsteinen. Bei seinem Sturz in die Hölle verliert Luzifer diesen Schmuck und der Schöpfer schenkt ihn den Menschen. Luzifer aber, so erläutert Hildegard, verabscheut von da an die Edelsteine, weil sie dem Element Feuer verwandt sind. Denn im Feuer verbüßt er seine ewige Strafe, durch das Feuer des Heiligen Geistes wird wiederum der Mensch zum Guten gelenkt und dem Einfluß des Luzifer entzogen.

Echtheit und Einflüsse der naturkundlichen Werke Hildegards

Immer wieder sind, seit sich die Forschung mit den Schriften der Bingener Äbtissin beschäftigt, Zweifel an der Echtheit der Naturschriften, vor allem an der Edelsteinkunde, aufgekommen. Nicht zuletzt wohl, weil gerade dieser Teil der Physica, zunächst im Liber simplicis medicinae und im Liber compositae medicinae integriert war und erst während einer späteren Abschrift herausgelöst wurde. Zwischenzeitlich ist, durch gezielte und fundierte Forschung der Benediktinerinnen von Eibingen, Hildegards Autorenschaft wohl auch für die Edelsteinkunde ausreichend gesichert.

So klar Hildegard sich in ihren drei großen Visionsschriften dazu bekennt, alles Wissen der göttlichen Offenbarung zu verdanken, so unklar ist ihre Ausdrucksweise hinsichtlich der Entstehung der Naturschriften. Religiöse Fanatiker – und deren gibt es im Umfeld der Hildegard-Forschung nicht wenige – neigen selbstverständlich dazu, das Bekenntnis von der göttlichen Herkunft all ihren Wissens auch auf die Naturschriften zu übertragen, andererseits aber schreibt Hildegard selbst wohl deutlich genug, sie habe sich über lange Jahre mit der Erforschung der Naturdinge beschäftigt. Und sie nennt in eben diesen Naturschriften ja auch selbst Quellen, die ihr vertraut waren, etwa bei der Beschreibung der Wolfsmilch, der Purgierwinde, der Bäume und des Einhorns.

Anlaß zu nimmermüden Streitgesprächen war und ist die Frage, welche Autoren der Antike und des Frühchristentums, die sich mit der Steinkunde beschäftigten, Hildegard bekannt und zugänglich gewesen sein könnten. Mancher weist engste Textverwandtschaft zu Plinius, Vergil und Ovid nach, zu Constantin Africanus, Isidorus Hispalensis, zu Strabus, Marbod oder den Schriften der Schule von Salerno. Andere wiederum belegen aus eben diesen Texten, daß Hildegard sie gar nicht gekannt haben könne. Aber selbst wenn Hildegard diese Literatur nicht selbst gelesen oder gekannt hat, ist doch wahrscheinlich, daß man ihr davon erzählt hat, daß andere ihr deren Inhalt – vielleicht als ihr eigenes Wissen – vermittelten. Jedenfalls unterscheiden sich die Therapieanweisungen der Äbtissin in der Regel mehr als deutlich von diesen Überlieferungen und man kann ihnen eigenständige Erkenntnisse und Erfahrungen keinesfalls absprechen.

Die Frage bleibt umstritten, so reizvoll ihre Beantwortung für die Hildegard-Forschung im allgemeinen auch sein mag, so nebensächlich erscheint sie für die zeitgemäße Auswertung und Erprobung ihrer Heilkunde. Daß diese nicht „aus der Luft gegriffen" ist, daß es keiner himmlischen Offenbarung bedurfte, wäre angesichts der im Mittelalter lebendigen Tradition der Natur- und Volksheilkunde naheliegend. Das hohe Niveau der Klostermedizin gehörte gerade für eine Benediktinerin zum Alltag, schon gar für die Äbtissin eines Frauenkonvents, indem man sich, wie aus der Hildegard-Vita unmißverständlich zu entnehmen ist, mit nimmermüder Hingabe aller Kranken und Alten annahm, die der Fürsorge bedurften.

Im übrigen lebte kein Kloster jener Zeit isoliert, schon gar nicht ein benediktinisches. Kenntnisse und Wissen wurden stets und ständig ausgetauscht, nebenbei dürfte auch der längere Besuch des naturwissenschaftlich offensichtlich hochgebildeten Bischofs Siward von Upsala auf dem Ruppertsberg für die Klosterinsassen, und für Hildegard, nicht folgenlos gewesen sein. Auch Volmar, Hildegards langjähriger Sekretär und Helfer, dürften einige der antiken Quellen, die sicherlich in vielen Klöstern in der lateinischen Fassung vorlagen, wohl bekannt gewesen sein. Sollte er mit Hildegard nicht darüber diskutiert haben? Hildegards Heilkunde ist weder die unkritische Übernahme alter Texte noch der Neubeginn der Naturheilkunde, sondern die kontinuierliche Weiterentwicklung und systematische Sammlung zeitgenössischen Wissens in einer für Ärzte wie für Laien gleichermaßen verständlichen Sprache, wobei sie die überlieferten „magischen Wirkungen" der Edelsteine kaum mehr in Betracht zieht, sondern sich auf deren therapeutische Kräfte beschränkt.

Sie folgt weder Tertullian, der einerseits das Schmuckbedürfnis des Menschen anprangert, andererseits schon auf chemische Zusammenhänge, das heißt, auf billige, natürliche Substanzen hinweist. Sie übernimmt für ihre Heilanweisungen auch nicht tradierte Weiheformeln, von denen noch ein Jahrhundert nach dem Erscheinen ihrer Naturschriften Thomas von Chantimpre berichtet, daß sie – am

Dreikönigstag gesprochen – die magischen Zaubersprüche der Heiden ablösen sollten.

Zu den Quellen, die für Hildegards Edelsteinkunde zweifelsfrei nachweisbar und bedeutungsvoll waren, gehören das Alte Testament und die Geheime Offenbarung und wohl auch manche apokryphe Legende. Allerdings steht bei Hildegard neben den zwölf Steinen, die nach jüdischer Tradition im Brustschild des Hohepriesters zu finden waren, und den ebenfalls zwölf Edelsteinen in der Mauer des Neuen Jerusalem, eine ganze Serie von Kristallen und Steinen, denen magische oder medizinische Wirkung zugeschrieben wurde und wird – und für die es keine biblische Entsprechung gibt.

Deutlicher als andere Autoren vor ihr bezeichnet Hildegard die Edelsteine als Gabe des Schöpfers an sein Geschöpf, ihm gegeben, um seine Heiligung zu fördern, seine Leiden zu heilen, Kraft zu gewinnen gegen die Macht Luzifers und seine Verführungskünste.

Schon in der Vorrede zur Heilkunde der Edelsteine macht sie dies deutlich, etwa wenn sie auf die Wirkungen bestimmter Steine gegen üble Machenschaften wie Ehebruch, Unzucht oder Mord verweist. Für Hildegard – und damit folgt sie – wissentlich oder unwissentlich – uraltem, vielfältig überliefertem Menschheitsglauben – fühlen sich alle Edelsteine zum Nützlichen, zum Sittlich-Guten hingezogen (und fördern es), abgestoßen aber werden sie von menschlicher Bosheit und Verworfenheit – und helfen entsprechend, diese zu verhüten oder zu überwinden. Da empfiehlt sie – beispielsweise – den Hyazinth zur Abwehr von Dämonen, von Teufelswerk oder Zauberbann, den Saphir gegen die Besessenheit, den Jaspis gegen Trug- und Traumbilder, den Chrysopras gegen die Dämonen der Luft, den Karfunkel gegen einen vorzeitigen Verschleiß der Kleidung und der Achat soll – nach strengem Ritual durchs Haus getragen – vor Einbrechern schützen.

Das Buch von den Steinen

Einleitung

Jeder Stein enthält Hitze und Feuchtigkeit. Vor den Edelsteinen schreckt der Teufel zurück. Er haßt und verachtet sie, weil er sich daran erinnert, daß sie bereits glänzten, bevor er aus seiner von Gott verliehenen Herrlichkeit herabstürzte, und weil sie ferner aus dem Feuer entstehen, in dem er selbst seine Strafe verbüßt. Denn nach dem Willen Gottes wurde er durch das Feuer besiegt, und er stürzte in das Feuer. So wird er auch durch das Feuer des Heiligen Geistes besiegt, wenn die Menschen durch dessen ersten Anhauch dem Rachen des Teufels entrissen werden.

Im Osten, und zwar in den Gegenden, wo die Hitze der Sonne besonders groß ist, entstehen die Edelsteine und Juwelen. Denn die Berge sind in jenen Gegenden aufgrund der Hitze der Sonne heiß wie Feuer. Auch die Flüsse, die dort fließen, brodeln ständig wegen der besonders starken Sonnenglut. Wenn daher die Flüsse dort manchmal über die Ufer treten, anschwellen und an diesen heißen Bergen ansteigen, wenn also die Berge infolge der Sonnenglut brennend heiß sind, dann bilden sie bei der Berührung mit dem Flußwasser an einigen Stellen, wo das Wasser mit dem heißen Gestein in Berührung kommt, eine Art Schaum, das heißt, dann dampfen und zischen sie („singelent") wie ein glühendes Eisen oder ein glühender Stein, wenn man Wasser darübergießt. Dieser Schaum bleibt dort wie eine Klette („glitten") hängen und erstarrt in drei bis vier Tagen zu Stein. Wenn dann die Überschwemmung zurückgeht und die Wassermassen wieder in ihr Bett zurückkehren, trocknen die Schaumspritzer, die an verschiedenen Stellen in den Bergen dort hängengeblieben sind, infolge der Sonnenglut je nach der unterschiedlichen Tageszeit und Temperatur aus. Daher bekommen sie auch je nach der Temperatur während der Trockenzeit ihre jeweiligen Farben und Eigenschaften.

Aufgrund des Trockenvorgangs verhärten sie sich zu Edelsteinen, lösen sie sich wie Schuppen von ihren überaus zahlreichen Entstehungsorten und fallen dann in den Sand. Kommt dann wieder eine Überschwemmung, spülen die Flüsse dort viele dieser Steine aus und tragen sie in andere Gegenden, wo sie schließlich von den Menschen gefunden werden. Die erwähnten Berge leuchten wegen der vielen großen Edelsteine, die dort auf diese Weise entstehen, hell wie das Tageslicht.

Edelsteine entstehen also aus dem Feuer und dem Wasser. Daher enthalten sie auch Hitze und Feuchtigkeit. Sie besitzen außerdem viele wirksame Kräfte, so daß man mit ihnen sehr viel tun kann, was für den Menschen gut, ehrbar und nützlich ist. Edelsteine taugen aber nicht als Mittel zu Verführung, Unzucht, Ehebruch, Feindschaft, Mord und dergleichen, was lasterhaft und für einen Menschen widernatürlich ist. Denn das Wesen der Edelsteine sucht alles, was ehrbar und nützlich ist, und mißbilligt die Schlechtigkeit und Bosheit der Menschen. So verwerfen auch die Tugenden die Laster, und auch die Laster können nicht mit den Tugenden gemeinsame Sache machen. Es gibt aber auch noch andere Steine. Sie bilden sich nicht auf denselben Bergen und nicht in der geschilderten Weise, sondern sie entstehen aus irgendeinem anderen wertlosen Material. Mit ihnen kann man mit Gottes Einverständnis und entsprechend ihrer jeweiligen Natur sowohl Gutes als auch Böses tun. Denn Gott hatte den ersten Engel gewissermaßen mit Edelsteinen geschmückt. Luzifer sah sie im Spiegel der Göttlichkeit aufleuchten und empfing davon sein Wissen. Er erkannte an ihnen, daß Gott noch viel Wunderbares erschaffen wollte. Da wurde er hochmütig, weil der Glanz der Steine, der auf ihm lag, in Gott erstrahlte, und er bildete sich ein, er könne auch soviel wie Gott oder noch mehr. Deshalb erlosch sein Glanz. Aber so wie Gott den Adam in eine bessere Lage versetzte, so ließ er den Glanz und die Kräfte der Edelsteine nicht vergehen, sondern er wollte, daß sie auf Erden geschätzt und gepriesen würden und als Heilmittel dienten.

Der Smaragd

Der Smaragd wächst am frühen Morgen, und zwar bei Sonnenaufgang, wenn die Sonne kräftig wird und ihre Umlaufbahn beginnt. Zu dieser Zeit ist das grüne Gras auf der Erde besonders frisch, weil dann die Luft noch kühl und die Sonne bereits warm ist. Dann saugen die Pflanzen die Frische so stark in sich auf wie ein Lamm die Milch, so daß die Tageswärme kaum dazu ausreicht, die Frische am Tag zu erwärmen und zu nähren, daß sie befruchtend wirkt und Früchte hervorbringen kann. Der Smaragd ist deshalb ein wirksames Mittel gegen alle Gebrechen und Krankheiten des Menschen, weil die Sonne ihn hervorbringt und seine Materie der frischen Luft entstammt.

Wer also am Herzen, im Magen oder in der Seite Schmerzen hat, trage einen Smaragd bei sich, um seinen Körper damit zu wärmen, und es wird ihm besser gehen. Wenn sich aber diese Leiden bei ihm so verschlimmern, daß er sich ihres Ansturms nicht mehr erwehren kann, dann soll er den Smaragd sofort in den Mund nehmen, um ihn mit seinem Speichel zu befeuchten. Den von diesem Stein erwärmten Speichel soll er abwechselnd schlucken und ausspucken und dabei seinen Körper zusammenziehen und dehnen. Die plötzlichen Anfälle jener Krankheit werden ohne Zweifel nachlassen.

Wenn jemand von der Fallsucht überwältigt wird, zu Boden fällt und bewußtlos wird, soll man ihm, wenn er so am Boden liegt, einen Smaragd in den Mund stecken, und er wird dann wieder zu sich kommen. Und wenn er wieder aufgestanden ist, soll er den Stein aus dem Mund nehmen, ihn aufmerksam betrachten und sprechen: „Wie der Geist des Herrn den Erdkreis erfüllt hat, so erfülle er auch das Haus meines Körpers mit seiner Gnade, damit es nie mehr erschüttert werden kann!" So soll es der Kranke an neun aufeinanderfolgenden Tagen jeweils morgens machen, und er wird geheilt werden. Diesen Stein soll er ständig bei sich tragen, ihn an jedem Morgen anschauen und, während er ihn betrachtet, die besagten Worte sprechen. Dann kann er geheilt werden.

Wer an heftigen Kopfschmerzen leidet, soll den Stein an den Mund halten und ihn mit seinem Atem erwärmen, so daß er dadurch feucht wird. Mit dem feuchten Stein reibe er dann seine Schläfen und seine Stirn. Dann nehme er den Stein in den Mund und behalte ihn eine knappe Stunde im Mund, und es wird ihm bessergehen. Wer ferner sehr viel Schleim und Speichel in sich hat, erwärme guten Wein, lege dann ein Leintuch über das Gefäß und den Smaragd auf das Tuch. Dann gieße er den warmen Wein über den Stein, so daß er durch das Tuch rinnt, und wiederhole diesen Vorgang immer wieder wie jemand, der eine Lauge herstellt. Dann bereite er mit diesem Wein und mit Bohnenmehl einen Brei und esse ihn oft. Den so zubereiteten Wein soll er oft trinken. Dies macht den Kopf wieder klar und vermindert bei ihm den Schleim und den Speichel.

Wer Würmer hat, lege auf das Geschwür ein leinenes Tuch, binde darauf den Smaragd und darauf weitere Tücher, wie jemand, der ein Brenneisen verwendet. Das soll er deshalb tun, damit sich der Stein erwärmt. Drei Tage lang soll man so verfahren, und dann werden die Würmer eingehen.

Der Smaragd, wie auch der Aquamarin eine Beryllvarietät, ist einer der kostbarsten und schönsten Schmucksteine, dem Plinius nachsagte: „Nichts grünt grüner als der Smaragd". Kleopatra unterhielt eigene Minen, in denen Smaragde nur für ihren eigenen Bedarf angebaut wurden; die Inkaherrscher horteten Smaragde in ihren Schatzhäusern, von wo sie mit der Beute der Konquistadoren in großen Mengen nach Europa gebracht wurden. Neben der heiligen Hildegard zählen Plinius, Marbod und Albertus Magnus den Smaragd zu den heilkräftigen Steinen, von Ärzten wird er, vor allem in Ländern, in denen die Naturheilkunde hochsteht, gerne als Schmuckstein getragen.

Chalzedon

Oben: *Diamant*

Unten: *Jaspis*

Magnet (Magnetit)

Oben: *Topas*   Unten: *Achat*

Oben: *Hyazinth*　　　　　　　　　　　　　　　Unten: *Karneol*

Oben: *Amethyst*   Unten: *Karfunkel (Rubin)*

Oben: *Saphir*   Unten: *Bergkristall*

Alabaster

Der Hyazinth

Der Hyazinth entsteht in der ersten Tagesstunde aus dem Feuer, wenn die Luft erst eine milde Wärme hat. Er ist eher luftartig als feurig. Deshalb reagiert er auch auf die Luft und paßt manchmal seine Eigenwärme der Luft an. Und doch ist er auch feurig, weil er ja aus dem Feuer stammt.

Wer blind ist oder wessen Augen trübe sind oder eitern („swerent"), halte den Hyazinth gegen die Sonne. Der Stein erinnert sich sofort daran, daß er aus dem Feuer stammt, und erwärmt sich rasch. Dann soll man ihn ein wenig mit Speichel befeuchten und ganz rasch auf die Augen legen, um sie dadurch zu wärmen. So verfahre man oft, und die Augen werden wieder klar und gesund werden.

Wer durch Wahnvorstellungen oder durch Zaubersprüche verhext („bezaubert") ist, so daß er wahnsinnig wird, nehme ein noch warmes Weizenbrot, schneide die Brotrinde oben kreuzförmig ein, ohne das Brot jedoch ganz zu durchschneiden, fahre dann mit diesem Stein von oben nach unten durch die Schnittstelle und spreche: „Gott, der dem Teufel alle Kostbarkeit der Steine wegnahm, weil dieser sein Gebot übertrat, nehme auch von dir, N.*, alle Wahnvorstellungen und allen Spruchzauber, und er erlöse dich von dem Leiden dieses Wahnsinns!" Dann fahre man noch einmal mit dem nämlichen Stein durch den Schnitt, der quer durch das Brot geht, und spreche: „Wie die Pracht, die der Teufel an sich hatte, wegen seiner Verfehlung von ihm genommen wurde, so soll auch dieser Wahnsinn, der dich, N.*, mit verschiedenen Wahnvorstellungen und Zaubersprüchen quält, von dir genommen werden und von dir lassen!" Darauf soll man dem Kranken von dem Brot beidseits des Schnitts, durch den man den Hyazinth gezogen hat, zu essen geben. Wenn er aber das Weizenbrot aufgrund seiner körperlichen Schwäche nicht essen kann, dann segne man warmes ungesäuertes Brot (das heißt „der brot") mit dem Hya-

---

* Hier ist der Name des Kranken einzufügen.

zinth und den oben aufgeführten Worten und gebe es ihm zu essen. Außerdem fahre man mit dem Stein in derselben Kreuzesform durch alle warmen Speisen, die der Kranke zu essen bekommt, also durch alles Fleisch, durch das warme Essen („warmuse") und durch alle übrigen Speisen. Man segne sie mit dem Zeichen des Kreuzes und den erwähnten Worten. Das tue man oft, und der Kranke wird geheilt werden. Auch wer an Herzbeschwerden leidet, mache mit dem Hyazinth das Zeichen des Kreuzes über seinem Herzen und spreche die erwähnten Worte, und es wird ihm bessergehen.

Der Hyazinth ist die gelbrote bis rotbraune Varietät des Zirkon, bei Blaufärbung ist er heute unter dem Namen Starlit bekannt. Der Stein ist in früheren Jahrhunderten oft unter sehr verschiedenen Namen aufgetreten, gelegentlich sind sogar farbschwache Rubine und Saphire als Hyazinth bezeichnet worden. Verwechslungen sind auch mit dem Aquamarin, dem Chrysoberyll, dem Topas, dem Turmalin und anderen Steinen möglich. Die Farben sind im übrigen unbeständig, Einwirkungen von Sonnenlicht beispielsweise – und nach alter Tradition auch Wetterwechsel – können deutliche Veränderungen hervorrufen.

Der Onyx

Der Onyx ist warm. Er wächst um die dritte Tagesstunde bei dichter Bewölkung, wenn die Sonne sehr heiß brennt und verschiedene Wolken die Sonne verschleiern, so daß sie wegen der Wassermassen nicht durch sie hindurchscheinen kann. Er enthält keine große Feuersglut, dafür aber die Wärme der Luft. Er verdankt seinen Ursprung der Sonne und verfestigt sich durch die verschiedenen Wolken. Daher hat er eine starke Wirkung gegen Krankheiten, die aus der Luft entstehen.

Wer schwache Augen hat oder an irgendwelchen Augengeschwüren („augswern") leidet, gieße reinen guten Wein in ein Gefäß aus Bronze, Kupfer oder Stahl. In diesen Wein lege man den Onyx und beize („beysze") ihn darin fünfzehn bis dreißig Tage lang. Dann nehme man den Stein heraus, lasse aber den Wein in dem Gefäß. Mit diesem Wein bestreiche man jede Nacht ein wenig die Augenlider. Die Augen werden davon gesund werden.

Wer herzkrank ist oder Schmerzen in der Seite hat, erwärme den Onyx in seinen Händen oder an seinem Körper. Ferner erhitze er auch über dem Feuer Wein in einem Gefäß, nehme dann das Gefäß vom Feuer und halte über den dampfenden Wein den Onyx, damit sich dessen Ausdünstung mit dem Wein vermische. Dann lege man den Onyx in den heißen Wein und trinke ihn sogleich. Die Beschwerden am Herzen und in der Seite werden aufhören.

Wer ein Magenleiden hat, behandle mit dem Onyx auf die beschriebene Weise Wein und bereite daraus mit Hühnereiern und feinem Mehl eine Suppe („suffen"). Das bereite und esse man oft, und es wird den Magen reinigen und heilen.

Wer Schmerzen in der Milz hat, koche Ziegen- oder Lammfleisch und esse das Fleisch, das im Wein gekocht und mit dem Onyx auf die oben beschriebene Weise zubereitet wurde, wie man sonst bestimmte Speisen in Essig einlegt. Wenn man dies oft tut, wird die Milz gesund und nicht mehr anschwellen.

Wer heftiges Fieber („fiber") hat, lege den Onyx fünf Tage lang in Essig, nehme ihn heraus, würze mit diesem Essig alle seine Speisen und esse sie so: Das Fieber („fiber") wird nachlassen und leicht verschwinden, weil die wohltuende Wärme des Onyx zusammen mit der Wärme des Essigs alle schädlichen Säfte verdrängt, aus denen Fieber entsteht.

Wenn man unter einer Depression leidet, betrachte man den Edelstein intensiv und nehme ihn dann in den Mund. Die Depression wird weichen.

Auch wenn die Rinderpest („schelmo") die Rinder befällt und tötet, erhitze man am Feuer in einem Topf Wasser, nehme es vom Feuer und halte über den Wasserdampf den Onyx, damit sich dessen Ausdünstung damit vermische. Dann lege man den Stein drei Tage lang in dieses Wasser, nehme den Onyx heraus und gebe dann das Wasser den Rindern zu saufen. Man besprenge auch ihr Futter mit diesem Wasser, vermische Kleie damit und gebe dies den Tieren zu fressen, je öfter, desto besser!

Der Onyx soll nach einigen Deutungen jener geheimnisvolle Stein gewesen sein, der sich, laut Genesis, im Lande Hevila fand, an den Ufern des Flusses Pison, der dieses Land bewässert. Unter der Bezeichnung versteht man sowohl durchscheinenden Achat als auch schwarzen Chalzedon und Onyx-Marmor. Der Name kommt aus dem Griechischen und bedeutet Fingernagel, womit die durchscheinende Struktur des Onyx angedeutet wird. Er wurde vorwiegend zum Schneiden von Siegeln und Gemmen, zum Eingravieren von Monogrammen und Wappen verwendet und kann sowohl durch Schneiden, wie durch Säurenauftrag bearbeitet werden.

Der Beryll

Der Beryll ist warm. Er bildet sich jeden Tag zwischen der dritten Tagesstunde und dem Mittag aus dem Schaum des Wassers, wenn die Sonne es kräftig erwärmt. Seine Kraft stammt mehr von der Luft und vom Wasser als vom Feuer; er ist jedoch ein bißchen feurig.

Wenn ein Mensch Gift bereits gegessen oder getrunken hat, schabe („schabe") er sogleich ein wenig von dem Beryll in Quellwasser („queckbronen") oder in ein anderes Wasser und trinke es sogleich. So verfahre er fünf Tage lang und trinke davon einmal am Tag auf nüchternen Magen, und er wird das Gift entweder erbrechen und ausspeien, oder es wird durch ihn hindurchgehen und durch den After ausgeschieden werden. Wer diesen Stein immer bei sich trägt und ihn oft in seiner Hand hält und oft betrachtet, hat nicht leicht mit anderen Menschen Streit, und er ist nicht streitsüchtig („stridig"), sondern bleibt gelassen.

Der Beryll, ein Beryllium-Aluminium-Silikat, gab zur Linse geschliffen unserer Brille den Namen, denn er wurde lange vor deren Erfindung als Vergrößerungsglas benutzt. Von altersher gilt er außerdem auch – in pulverisierter Form – als Heilmittel gegen Augenkrankheiten – nicht erst bei Hildegard. Außerdem sagt man ihm nach, er fördere und erhalte die eheliche Liebe.

Der Sardonyx

Der Sardonyx ist warm. Er wächst jeden Tag zwischen dem Ende der sechsten bis kurz nach dem Beginn der neunten Tagesstunde. Dann wird er von der klaren Sonne erwärmt, wenn sie in ihrer Klarheit leuchtet, weil zu dieser Zeit die Luft bereits abkühlt. Deshalb hat der Sardonyx mehr vom Feuer als von der Luft oder vom Wasser. Er hat von Natur aus starke Kräfte und verstärkt die fünf Sinne des Menschen. Er kann sie heilen, weil er im klaren Sonnenlicht entsteht, wenn nichts die Klarheit der Sonne trübt.

Wenn ein Mensch sich den Stein auf die nackte Haut legt, ihn auch oft in den Mund nimmt, so daß der Atem darüberstreicht, und ihn heraus- und dann wieder in den Mund nimmt, dann werden dadurch der Verstand, die geistigen Kräfte und alle seine körperlichen Sinne gestärkt, und bei diesem Menschen werden Jähzorn, Dummheit und Zügellosigkeit schwinden. Der Teufel haßt diesen Stein und meidet ihn wegen seiner Reinheit.

Wenn ein Mann oder eine Frau aufgrund ihrer Veranlagung in heftiger Fleischeslust entbrennen, dann soll der Mann den Sardonyx auf seine Lenden („lanchen"), die Frau aber auf ihren Nabel legen, und sie werden ein Heilmittel gegen ihre Geilheit haben.

Wenn ein Mensch einen heftigen Fieberanfall („sucht") hat und sich, nachdem er ihn ausgeschwitzt hat, wieder besser fühlt, dann soll er diesen Stein in einen Ring fassen und ihn sich an den Finger stecken, und er wird keinen Rückfall mehr in das Fieber („sucht") erleiden.

Der Sardonyx gehört zu den sogenannten „Lagensteinen", die vor allem für die Schmuckherstellung geschätzt werden. Unter Sardonyx versteht man, dem Namen entsprechend, Sarder, der in Onyxbänder eingelagert ist. In seiner schönsten Ausprägung zeigt er eine klare Bänderung in rot, weiß und schwarz. Der Sardonyx wird zu den Bausteinen des Neuen Jerusalem in der Geheimen Offenbarung gezählt.

Der Saphir

Der Saphir ist warm. Er wächst um die Mittagszeit, wenn die Sonne in ihrer Glut so stark brennt, daß die Luftbewegung infolge ihrer Hitze etwas eingeschränkt ist. Dann durchdringt der Glanz der Sonne wegen der übergroßen Hitze, die sie dann hat, die Luft nur so, daß dieser Glanz dann nicht so ganz sichtbar ist, wie dies dann der Fall ist, wenn die Luft ein wenig kühler ist. Deshalb ist der Saphir auch trüb, und er ist auch eher feurig als luftartig oder wasserartig. Er bezeichnet die volle Liebe zur Weisheit.

Ein Mensch, der den Star („vell") im Auge hat, halte den Saphir in seiner Hand, wärme den Saphir in seiner Hand oder durch Feuer und berühre die Linsentrübung („vell") in seinem Auge mit dem feuchten Stein. Das soll er drei Tage am Morgen und in der Nacht so machen, und die Linsentrübung („vell") wird zurückgehen und verschwinden. Wenn jemand vor Schmerz rote Augen hat und sie ihm wehtun („seregent") oder wer nicht klar sieht, nehme den Saphir auf nüchternen Magen in seinen Mund und befeuchte ihn mit dem Speichel seines Mundes. Dann nehme er mit dem Finger ein wenig von dem Speichel, mit dem der Stein angefeuchtet wurde, und bestreiche damit seine Augen, und zwar so, daß er dabei die Augen auch innen berührt, und sie werden gesund und klar werden. Ein Mensch, der ganz und gar gichtkrank („vergichtiget") ist, so daß er die übergroßen Schmerzen im Kopf und am übrigen Körper nicht mehr ertragen kann, nehme diesen Stein in seinen Mund, und die Gicht („gicht") wird bei ihm nachlassen.

Auch ein Mensch, der gute intellektuelle Fähigkeiten und ein gediegenes Wissen haben will, nehme den Saphir jeden Tag am Morgen, wenn er aus dem Bett steigt, auf nüchternen Magen in seinen Mund. Er behalte ihn eine knappe Stunde, das heißt so lange im Mund, bis er genug von dem Speichel, mit dem der Stein angefeuchtet wurde, in sich aufgenommen hat. Dann nehme er ihn aus dem Mund, halte ein wenig Wein an das Feuer und erwärme ihn in einem kleinen Gefäß.

Den Stein halte er in den Dampf, der von diesem Wein aufsteigt, damit er dadurch schwitzt und feucht wird. Sodann lecke er mit seiner Zunge an diesem feuchten Stein und trinke auch von dem Wein. Dadurch bringt er den Speichel, durch den der Stein warm wurde, in den Leib des Menschen. So wird er einen klaren Verstand und ein ungetrübtes Erkenntnisvermögen haben, und auch sein Magen wird davon gesund werden.

Aber auch wer so dumm ist, daß ihm jedes Verständnis fehlt, wer aber doch klug sein möchte, es aber nicht sein kann, und wer nicht Boshaftes im Auge hat noch darauf aus ist, der lecke oft auf nüchternen Magen mit der Zunge an dem Saphir, weil seine Wärme und Kraft in Verbindung mit dem warmen feuchten Speichel die schädlichen Säfte, welche die geistigen Fähigkeiten des Menschen unterdrücken, vertreiben. Und so erlangt der Mensch gute geistige Fähigkeiten. Auch wer von heftigem Zorn erregt wird, nehme sogleich einen Saphir in den Mund, und der Zorn wird erlöschen und von ihm lassen. Wenn dieser Stein in einen Ring von reinstem, nämlich geläutertem Gold („gebrant golt"), frei von einem Materialfehler („blechmal"), gefaßt wird und wenn auch unter diesem Stein nichts anderes als Gold ist, dann soll man diesen Goldring, der ohne Materialfehler („blechmal") ist, in den der Stein gefaßt wurde, als Heilmittel in den Mund nehmen, und es wird einem nicht schaden. Wenn aber etwas anderes als Gold dabei ist, dann wirkt der Ring nicht, und man soll ihn auch nicht in den Mund nehmen, weil der Ring noch etwas anderes enthält.

Wenn ein Mensch von einem bösen Geist besessen ist, dann soll jemand anderes einen Saphir in die Erde stecken und die Erde in einen Lederbeutel, diesen dann um den Hals hängen und sprechen: „O du schändlicher Geist, weiche schnell von diesem Menschen, so wie bei deinem ersten Fall die Herrlichkeit deines Glanzes ganz schnell von dir gewichen ist!" Der böse Geist wird schwer bedrängt werden und von diesem Menschen weichen, außer er ist besonders schlimm und böse, und dem Besessenen wird es bessergehen.

Auch wenn der Teufel einen Mann zur Liebe zu irgendeiner Frau reizt, so daß er auch ohne Zaubersprüche und ohne Teufelsbeschwörungen liebestoll wird und dies dieser Frau lästig ist, dann gieße sie dreimal ein wenig Wein über den Saphir und spreche dabei jedesmal: „Ich gieße diesen Wein mit seinen brennenden Kräften über dich, damit du die glühende Liebesleidenschaft dieses Mannes von mir nimmst, so wie Gott deinen Glanz vom ersten abtrünnigen Engel genommen hat!" Wenn die Frau dies nicht tun will, soll es sonst jemand, dem diese Liebe lästig ist, für sie tun und jenem Mann vor oder nach dem Essen mit oder ohne sein Wissen drei Tage lang oder länger davon zu trinken geben. Auch wenn eine Frau in Liebe zu einem Mann entbrannt ist und dies dem Mann lästig ist, soll er diese Frau mit dem Wein und dem Saphir so behandeln, wie es oben beschrieben wurde, und die hitzige Liebe wird aufhören.

Der Saphir kann in vielen Farbnuancen von zartrosa über gelb, grün und violett bis zu tiefem Kornblumenblau gefunden werden. Am bekanntesten sind sicherlich seine Blaunuancen, derentwegen er als der heiterste, dem Himmel verwandte Edelstein gilt. In seinem Buch „De mineralibus" schrieb Albertus Magnus, rund hundert Jahre nach Hildegard, er sei von der Farbe des Himmels, mache den Geist frei und tröste das betrübte Herz. Das im Aachener Domschatz aufbewahrte Evangeliar der deutschen Kaiser zeigt den thronenden Gottvater mit einem Saphir als Brustschmuck. Kardinäle pflegten lange Zeit Saphire als Ringe zu tragen, da der Stein Weisheit und Vernunft verkörpert.

Der Sarder

Der Sarder wächst am Nachmittag bei heftigen Regenfällen, wenn die Blätter der Laubbäume zur Herbstzeit verwelken. Dann ist nämlich die Sonne noch sehr warm, und die Luft ist kühl: und die Sonne erwärmt ihn in seiner Röte. Daher ist er selbst durch die Einwirkung von Luft und Wasser rein und bei guter, milder Wärme wohl temperiert. Mit seiner Kraft wendet er widerwärtige Seuchen ab.

Wenn nun ein Mensch infolge der einen oder anderen Seuche oder Krankheit Kopfschmerzen hat, daß er davon fast wahnsinnig wird, soll er sich in einer Mütze oder einem Tuch oder einem Lederbeutel einen Sarder auf seinen Scheitel binden und sprechen: „Wie Gott den ersten Engel in den Abgrund stürzte, so nehme er diesen Wahnsinn von dir, N.*, und gebe dir** wieder einen klaren Verstand!" Und er wird geheilt werden.

Wer infolge einer Krankheit einen Gehörschaden erlitten hat, tauche diesen Stein in reinen Wein, lege ihn feucht in ein dünnes leinenes Tuch und stecke ihn in das taube Ohr. Außen drücke er ganz feines Werg („werck") auf das Tuch, und die Wärme des Steins wird in das Ohr dringen. Das mache er oft so, und er wird das Gehör wiedererlangen.

Aber auch wer Gelbsucht („gelsucht") hat, verfahre in ähnlicher Weise, wie oben beschrieben, in der Nacht mit Urin und dem Sarder, spreche die oben angeführten Worte und mache es so drei Nächte lang, und er wird geheilt werden.

Und wenn eine schwangere Frau, vom Schmerz überwältigt, nicht gebären kann, fahre („striche") sie mit dem Sarder über ihre beiden Lenden („lenden") und sprechen: „Wie du, Stein, nach Gottes Gebot am ersten Engel erstrahltest, so komm du, Kind, heraus, als ein Mensch, der strahlt und in Gott bleibt!" Halte sogleich diesen Stein

---

* Hier ist der Name des Kranken einzufügen.
** „mihi" (= mir) ist durch „tibi" (= dir) zu ersetzen.

an die Stelle, wo das Kind herauskommt, nämlich die weiblichen Genitalien, und sprich: „Öffnet euch, ihr Wege und du Pforte, in Anbetracht der Erscheinung, als Christus als Gott und Mensch erschien und die Riegel der Unterwelt öffnete! So sollst auch du, Kind, bei dieser Pforte herauskommen, ohne daß du oder deine Mutter dabei den Tod findet." Binde dann auch noch diesen Stein in einen Gürtel und umgürte die Schwangere mit diesem Gürtel und diesem Stein, und sie wird genesen.

Der Sarder, nach einer Stadt in Kleinasien benannt, gehört zu den Quarzen, ebenso wie der Karneol und zwischen beiden Steinen ist denn auch die Unterscheidung schwierig. Der Sarder ist farblich stärker zu Braun hin getönt. Auch er wird unter den Steinen im Brustschild des Hohepriesters erwähnt. Durch Tränken mit Kandiszuckerlösung kann der Chalzedon sarderähnlich eingefärbt werden.

Der Topas

Der Topas wächst um die neunte Tagesstunde in der Sonnenhitze, und zwar kurz vor der neunten Stunde, weil dann die Sonne infolge der Hitze des Tages und der Luftbewegung ganz rein und heiß ist. Er hat nur wenig Luft und Wasser in sich. Er ist klar und klarem Wasser sehr ähnlich. Seine Farbe gleicht mehr dem Gold als dem Gelb („gelo"). Er widersteht der Hitze und dem Gift, das heißt einer Vergiftung („virgibuisse", gemeint ist „virgebnisse") und Feindschaft („seichmisse", gemeint ist wohl „vêhenisse"). Er duldet dies nicht, so wie auch das Meer keine Verunreinigung vertragen kann. Denn wenn in Brot, Fleisch, Fisch oder in irgendeiner Speise oder in Wasser oder Wein oder in irgendeinem Getränk Gift ist und wenn ein Topas sich da in der Nähe befindet, dampft („swadet") er sogleich so, wie das Meer schäumt („schumet"), wenn sich darin Unrat befindet. Wenn daher ein Mensch ißt oder trinkt, soll er einen Topas am Finger neben Speise und Trank halten und ihn oft betrachten, und wenn in Speise oder Trank Gift ist, schwitzt der Stein sofort.

Auch wer mit den Augen schlecht sieht, soll einen Topas drei Tage und Nächte in reinen Wein legen und dann nachts, wenn er schlafen geht, mit dem Topas, der somit feucht ist, seine Augen bestreichen („bestriche"), und zwar so, daß die Feuchtigkeit ein wenig auch das Innere der Augen berührt. Dann kann er den Stein wieder weglegen und den Wein fünf Tage lang aufheben. Jedesmal, wenn er in der Folgezeit nachts seine Augen bestreichen („bestrichen") will, tauche er diesen Stein in den besagten Wein und bestreiche sodann, wie oben beschrieben, mit dem feuchten Stein die Augen. Das mache er oft so, und er behandle den Wein immer wieder fünf Tage lang mit dem Topas. Dieses Verfahren macht wie die beste Augensalbe die Augen klar.

Wenn jemand Fieber, das heißt „fiber" hat, soll er mit dem Topas drei kleine Mulden in weiches Brot machen und reinen Wein hineingießen. Wenn dieser Wein eingesickert ist, soll er von neuem noch mehr

Wein hineingießen. Dann soll er sein Gesicht in dem Wein, den er in die Mulden gegossen hat, wie in einem Spiegel betrachten und sprechen: „Ich betrachte mich gleichsam in dem Spiegel, in dem die Cherubim und Seraphim Gott anschauen, auf daß er dieses Fieber von mir vertreibe." So soll er es oft machen, und dann wird er gesund werden.

Wer aussätzig ist, soll einen Ziegelstein stark erwärmen und Spreu, das heißt „spru", vom Hafer darauflegen, so daß sie dampft, das heißt „demphe". Über den Dampf, das heißt „damph", halte er den Topas, damit er schwitzt, und trage die Ausdünstung auf die Stelle, wo sich der Aussatz befindet, auf („striche"). Wenn er das getan hat, nehme er Olivenöl, mische es mit einem Drittel Veilchensaft und salbe mit diesem Öl die aussätzige Stelle, die mit der Ausdünstung des Topas angefeuchtet wurde. Das soll er oft tun, und der Aussatz wird aufbrechen. Dem Kranken wird es bessergehen, wenn er nicht daran stirbt.

Wer ein Milzleiden oder innere Geschwüre hat und daher gleichsam im Inneren seines Körpers verfault, lege einen Topas fünf Tage lang in echten Maulbeerwein („morach"). Dann nehme er den Topas heraus und bringe den Wein zum Kochen, so daß er dampft. Über den Dampf halte er den Topas, damit er schwitzt, so daß sich seine Ausdünstung mit dem Wein vermischt. Dann lege er den Stein eine knappe Stunde lang in den erhitzten Wein, nehme ihn dann wieder heraus und bereite mit dem Wein ohne Zugabe vom Schmalz eine Suppe („suffen") oder eine Brühe („jussal"). Das mache er oft und trinke es, und seine Milz wird geheilt und die Fäulnis in seinem Inneren verringert werden.

Lege auch täglich am Morgen den Topas auf dein Herz und sprich: „Gott, der über alles und in allem groß ist, möge mich um seiner Ehre willen nicht verwerfen, sondern in seinem Segen erhalten, stärken und festigen." Solange du das tust, wird dich kein Unglück treffen. Denn von Gott hat der überaus wirksame Stein Topas die Kraft, Unheil vom Menschen abzuwenden, weil er wächst, wenn die Sonne sich zum Untergang wendet.

Der Topas gehört zu den Verwandlungskünstlern unter den Steinen. Seine Farbvarietäten reichen von zartrosa über Gold bis Blau. Außerdem wurden im Altertum unter dem Namen Topas auch der gelbe Korund, der Citrin, der gebrannte Amethyst und der Rauchtopas zusammengefaßt. Außer bei Moses,

Ezechiel und in der Geheimen Offenbarung wird der Topas auch im Buch Hiob erwähnt, wo er dem Gold gleichgesetzt ist an Wert und Schönheit. Andreas von Caesarea schreibt den Topas dem Apostel Matthäus zu, dem es gegeben gewesen sei, „seine Gemeinde zu erleuchten, wenn ihr das Herz verdunkelt war".

Der Chrysolith

Der Chrysolith wächst unter dem Einfluß der Sonnenglut und der Luftfeuchtigkeit nachmittags um die neunte Tagesstunde. Er hat im allgemeinen eine sozusagen belebende Kraft in sich. Daher würde das Junge von einem Schaf oder einem anderen Tier durch seine Kraft so gestärkt werden, daß es bereits vorzeitig beginnen würde, sich fortzubewegen, wenn der Stein bei der Geburt in der Nähe läge.

Wenn jemand Fieber („fiber") hat, soll er Wein erhitzen und den Chrysolith über den Dampf von dem Wein halten, damit sich seine Ausdünstung mit dem Wein vermische. Den so erwärmten Wein soll er trinken und den Stein eine knappe Stunde in den Mund nehmen. So soll er oft verfahren, und es wird ihm bessergehen.

Wer Herzschmerzen hat, soll den Stein in Olivenöl tauchen und dann mit dem so ins Öl getauchten Stein über die schmerzende Stelle fahren („striche"), und es wird ihm bessergehen.

Dieser Stein festigt das Wissen bei dem Menschen, der ihn bei sich trägt. Wer über ein gediegenes Wissen und gute Fähigkeiten verfügt, soll daher diesen Stein an sein Herz legen, und solange dieser da liegt, werden das Wissen und die guten Fähigkeiten bei ihm nicht schwinden. Denn der Chrysolith hat unter dem Einfluß der sieben Tagesstunden gewisse Kräfte. In diesen Stunden entsteht er auch. Aber auch die Luftgeister schrecken etwas vor diesem Stein zurück.

Der Chrysolith, heute eher unter dem Namen Peridot bekannt, hat seinen Namen vermutlich nach der griechischen Bezeichnung „Goldstein", obwohl er meist in ausgeprägten Grünfärbungen auftritt. Von den Römern wurde er zum Schutz vor Dämonen als Schmuck am linken Arm getragen. Auf den Vulkaninseln vor Assuan wurde er schon vor mehr als 3500 Jahren systematisch abgebaut, später von den Kreuzfahrern nach Mitteleuropa gebracht und häufig für den Schmuck von Kirchenräumen verwendet.

Der Jaspis

Der Jaspis wächst dann, wenn die Sonne sich nach der neunten Tagesstunde bereits zum Untergehen neigt. Er wird durch das Feuer der Sonne erwärmt, hat jedoch mehr von der Luft als vom Wasser oder vom Feuer. Eine unterschiedliche Färbung hat er deshalb, weil sich die Farbe der Sonne infolge der bereits vorhandenen Bewölkung oft verändert, wenn sie sich nach der neunten Stunde zum Untergehen neigt.

Wenn jemand ein taubes Gehör hat, soll er einen Jaspis an den Mund halten und mit seinem warmen Atem ihn anhauchen, damit er dadurch warm und feucht wird. Dann stecke er ihn gleich ins Ohr, drücke feines Werg („werck") auf den Stein und verschließe so sein Ohr, damit die Wärme dieses Steines das Ohr durchdringe. Dieser Stein wächst unter dem Einfluß frischer Luftbewegung; er löst auch die verschiedenen Krankheiten der Säfte, und so wird man auch das Gehör wiedererlangen. Auch wer sehr viel Nasenschleim („nasebosz") hat, soll einen Jaspis an den Mund nehmen und mit seinem warmen Atem ihn anhauchen, daß er warm und feucht wird. Sodann soll er ihn in die Nasenlöcher stecken und die Nase mit der Hand zuhalten, damit seine Wärme in den Kopf dringen kann. Um so rascher und leichter lösen sich dann die Säfte im Kopf, und dem Kranken wird es bessergehen.

Auch wer im Herzen oder in den Lenden oder in irgendeinem anderen Körperteil es mit einem stürmischen Andrang der Säfte, das heißt der Gicht, zu tun hat, soll einen Jaspis auf die betroffene Stelle legen und ihn drücken, bis er dort warm wird, und die Gicht („gicht") wird nachlassen, weil die wohltuende Wärme und Kraft die kalten Säfte, die sich in unrechter Weise erhitzten, heilt und beruhigt. Und wenn im Traum Blitz und Donner vorkommen, ist es gut, wenn man einen Jaspis bei sich hat, weil die Phantasie- und Trugbilder („gedrognuze") ihn dann meiden und von ihm lassen. Wenn eine Frau ein Kind gebärt, soll sie von der Stunde an, da sie es zur Welt bringt, an allen Tagen ihres Kindbetts („knicbeke"; verderbt für „kindbette") einen Jaspis in der Hand halten. Um so weniger werden die bösen Luftgeister ihr und dem Kind während dieser Zeit schaden können. Denn die Zunge der alten Schlange streckt sich nach dem Schweiß des Kindes aus, das den Schoß der Mutter verläßt. Dehalb hat sie es dann ebenso auf das Kind wie auf die Mutter abgesehen. Aber auch wenn eine Schlange irgendwo ihren Atem ausstößt, lege dort einen Jaspis hin, und ihr Atem wird so schwach werden, daß er nicht mehr so schädlich sein wird und daß die Schlange dort ihren Atem nicht mehr ausstößt.

Der Jaspis, eine Chalzedon-Varietät, wird bei Moses, bei Ezechiel und in der Offenbarung erwähnt. Astrologisch gesehen steht er an erster Stelle des Himmelsbogens und gilt als Monatsstein der Widdergeborenen. Bereits bei den Ägyptern wurde er hoch geschätzt, den Griechen verdankt er seinen Namen „der Gesprenkelte".

Der Pras-Opal

Der Pras-Opal wächst, wenn die Sonne ihre Strahlen gegen Abend von der Erdoberfläche abzieht und wenn bereits der Tau fällt. Allmählich scheint dann die Sonne auf das Felsgestein des oben genannten Berges und läßt ihn stark erglühen. So entsteht dort der Pras-Opal aus der Glut der Sonne, der Feuchtigkeit der Luft und des Wassers und der Frische des Taus.

Wer brennendes Fieber („fiber") hat, wickle einen Pras-Opal in ein Stück Weizenbrotteig („deicht"), binde den so eingehüllten Stein in ein Tuch und lasse ihn drei Tage und Nächte auf seinem Nabel festgebunden, und das Fieber („fiber") wird von ihm weichen. Wer durch einen Sturz oder einen Schlag irgendwo an seinem Körper eine Abschürfung erlitten hat, nehme altes Schmalz, mische damit zu gleichen Gewichtsanteilen Salbei und Rainfarn („reynefanem") und drücke den Pras-Opal in diese Masse. Dann erwärme er dies an der Sonne oder am Feuer und lege dies alles zusammen mit diesem Stein dermaßen aufgewärmt auf die Stelle, wo es weh tut, und es wird ihm bessergehen.

Der Prasius, Prasem oder Pras-Opal, auch unter dem Namen Smaragdquarz bekannt, wird häufig mit Jade verwechselt. Seine Farbe ist lauchgrün, woraus sich auch der Name erklärt. Fundstätten im europäischen Raum sind das Erzgebirge, die Salzburger Alpen, Schottland und Finnland. Gelegentlich wird unter der Bezeichnung Prasem auch grüner Jaspis verstanden.

Der Chalzedon

Der Chalzedon wächst dann, wenn die Sonne nach Anbruch der Abenddämmerung schon fast verschwunden und wenn die Luft noch ein wenig warm ist. Daher bezieht er seine Wärme mehr aus der Luft als von der Sonne. Er besitzt wohltuende Kräfte. Wenn man einen solchen Stein trägt, soll man ihn so an sich tragen, daß er die Haut berührt und daß er auch auf einer Körperader aufliegt. Die Ader und das Blut, die seine Wärme und Kraft aufnehmen, geben diese Kräfte an die anderen Adern und das übrige Blut weiter. Auf diese Weise wendet der Stein Krankheiten vom Menschen ab und verleiht ihm die größte Festigkeit gegenüber Jähzorn. Infolgedessen wird er in seinem Benehmen so gelassen sein, daß man kaum jemanden finden wird, den ungerechterweise zu verletzen er imstande wäre, selbst wenn er im Zorn recht herausgefordert worden wäre. Wer beim Reden ruhig und besonnen sein und seine Worte mit Verstand vortragen will, soll einen Chalzedon in der Hand halten und ihn mit seinem Atem erwärmen, damit er dadurch auch feucht wird. Dann soll er mit der Zunge daran lecken, und so wird er ruhiger und besonnener zu den Menschen sprechen können.

Der Chalzedon gehört zur Familie der Quarze und wird in sehr verschiedenen Farbstellungen gefunden, wobei er in seiner rotbraunen Variante auch als Karneol, in apfelgrün als Chrysopras, in dunkelgrün mit roten Punkten als Heliotrop bezeichnet wird. In der theologischen Symbolik verkörpert er den dritten Credo-Artikel, die Empfängnis Jesu im unbefleckten Leib Mariens. Ludovicus ab Alcasar zieht zwischen dem Namen, der Symbolik und dem Konzil von Kalchedon eine sehr direkte Verbindung. Der Chalzedon soll Redegewandtheit und die Fähigkeit vermitteln, Prozesse zu gewinnen, weswegen er lange Zeit vor allem als Schmuck-und Amulettstein von Rechtsgelehrten galt.

Der Chrysopras

Der Chrysopras wächst in der Stunde, wenn die Sonne bereits vollständig untergegangen ist. Dann sind die Luft und das Wasser trüber bzw. grünlicher („grunfar") als sonst. Daher entwickelt dieser Stein seine Kraft nachts, wenn der Mond unter dem Einfluß der Sonne am stärksten ist, das heißt, wenn er halbvoll, aber noch nicht voll ist. In Anbetracht seiner milden, gleichmäßigen Wärme hat er sogar starke Kräfte; er ist nicht zu warm, sondern mäßig warm.

Wenn die Gicht („gicht") jemanden an irgendeinem Körperteil plagt, lege er einen Chrysopras an der schmerzenden Stelle auf die bloße Haut, und die Gicht („gicht") wird schwinden. Wenn jemand sehr zornig wird, soll man den Stein so lange auf seine Kehle legen, bis er warm wird. Dann wird er keine Worte des Zorns mehr hervorbringen können, bis sich sein Zorn gelegt hat. Wenn sich dieser Stein an irgendeinem Ort befindet, wo ein tödliches Gift ist, verliert es seine Wirkung, so daß es wirkungslos und schwach wie Wasser, das heißt kraftlos („unkrefftig") wird. Es verliert auch seine Wärme und wird schwach, so daß es nicht mehr so schädlich sein wird. Wenn ein Mensch die Fallsucht hat, trage er einen Chrysopras immer bei sich. Das nächtliche Gebrechen, nämlich die Fallsucht, wird ihm dann weniger zu schaffen machen, weil dann die Luftgeister mit ihm nicht ihr böses Spiel treiben können, daß er nämlich unter Schmerzen Schaum aus seinem Munde ausstößt. Wenn ein Mensch vom Teufel besessen ist, gieße er ein wenig Wasser über den Stein und spreche: „Ich gieße dich, Wasser, im Namen der Kraft über diesen Stein, mit der Gott die Sonne mitsamt dem umlaufenden Mond erschuf." Dann gebe man ihm das Wasser zu trinken, so gut es geht, denn er wird es nur widerwillig trinken. Den ganzen Tag lang wird der Teufel in dem Besessenen gequält werden und schwächer werden, und er wird seine Macht über den Besessenen nicht mehr so zeigen wie vorher. So verfahre man fünf Tage lang. Am fünften Tag aber bereite man mit diesem Wasser auf dem Stein einen kleinen Kuchen ähnlich dem ungesäuerten Brot („der broit") und gebe es dem Besessenen, so gut man kann, zu essen. Wenn es kein gewaltiger Dämon ist, wird er von jenem Menschen ablassen. Auf die folgende Weise kann man feststellen, ob ein Luftgeist ein sanftmütiger oder bösartiger Dämon ist. Wenn nämlich jemand gerne lacht und wenn er die Menschen freundlich, das heißt „holtselich" anschaut, dann ist der Luftgeist sanftmütig, auch wenn der Besessene manchmal mit den Zähnen knirscht, das heißt „griszgramet". Wenn aber ein Mensch gegen seinen Willen spricht und wenn er gern wieder verstummt, wenn er nicht gerne lacht, wenn er mit seinen Händen fest kratzt („krymet") und Schaum aus dem Mund ausstößt, dann handelt es sich um einen bösartigen, gewalttätigen Dämon. Um diesen bösartigen Dämon auszutreiben, ist der Chrysopras nicht besonders geeignet, weil ein solcher Dämon bösartig und gewalttätig ist. Dennoch quält und schwächt ihn der Stein bei dem Besessenen. Der Dämon wird jedoch auf eine andere Weise zu vertreiben sein, wenn Gott will.

Der Chrysopras, der Chalzedon-Gruppe angehörend, hat seinen Namen vom griechischen „Gold-Lauch". In seiner goldgrünen Varietät wurde er vor allem in Oberschlesien abgebaut, von wo aus im 14. Jahrhundert große Platten nach Prag transportiert und zum Schmuck der Wenzels-Kapelle verwendet wurden. Friedrich der Große ließ ihn außerdem zur Ausschmückung in Schloß Sanssouci verwenden; nach ihm ist eine beliebte Schnittform des Chrysopras benannt, der fredericianische Schliff.

Der Karfunkel

Der Karfunkel wächst bei Mondfinsternis. Wenn diesem etwas zuwider ist, möchte er gleichsam verschwinden. Daher zeigt er sich manchmal finster, wenn er auf göttliches Geheiß Hunger, Pest oder Veränderungen in der Regierung ankündigt. Dann konzentriert die Sonne ihre ganze Kraft auf das Firmament, wärmt den Mond mit ihrer Hitze, facht ihn mit ihrem Feuer an und läßt ihn zunehmen und wieder leuchten. Sie legt ihre Zunge in dessen Mund, um ihn, der bereits tot ist, wieder vom Tode zu erwecken. In dieser Stunde entsteht dann der Karfunkel. Daher hat er seinen Glanz vom Feuer der Sonne, wenn der Mond zunimmt, so daß er mehr in der Nacht als am Tag leuchtet. Und so wächst er, bis die Glut der Sonne ihn hervorbringt. Weil eine Mondfinsternis selten ist, ist auch dieser Stein selten, und auch seine Kraft ist selten. Man muß ängstlich darauf achten, daß man sehr vorsichtig und sorgfältig damit umgeht. Wenn einen Menschen eine Krankheit („suht"), ein Fieberanfall („riddo"), was man auch Fieber („fiber") nennt, die Gicht („gicht") oder eine beliebige andere Krankheit befallen und seinen Säftehaushalt verändert hat, dann lege einen Karfunkel um Mitternacht, weil dann seine Kraft besonders stark ist, auf den Nabel des Kranken! Lasse ihn aber nicht länger auf seinem Nabel, als bis sich der Kranke von ihm ein wenig erwärmt fühlt! Dann nimm ihn gleich weg, weil dann seine Kraft jenen Menschen und alle seine Eingeweide intensiver durchdrungen hat, als es irgendeine Medizin von irgendwelchen Salben tun könnte. Sobald man eine auch nur geringe Bewegung in seinem Körper spürt, nehme man den Karfunkel weg. Wenn man ihn nämlich dann länger auf dem Nabel des Kranken liegen läßt, durchdringt seine Kraft den ganzen Körper, so daß er austrocknet. So vertreibt dieser Stein alle möglichen Krankheiten vom Menschen und besiegt sie. Wenn jemand Kopfschmerzen hat, lege er einen Karfunkel eine knappe Stunde lang auf seinen Scheitel, und zwar so lange, bis an der Stelle die Haut durch ihn warm wird, und nehme ihn dann sofort weg, weil die Kraft diese Steines den Kopf des Kranken rascher und intensiver durchdrungen hat, als es die kostbarste Salbe oder gar Balsam es könnte. Und so wird es ihm im Kopf bessergehen. Wenn man diesen Stein auf Kleider oder andere beliebige Gegenstände legt, sind sie lange haltbar und verfaulen nur schwer. Wo auch immer ein Karfunkel sich befindet, da können die Luftgeister ihr Blendwerk nicht vollführen, weil sie ihn meiden und ihm aus dem Weg gehen.

Die Bezeichnung Karfunkelstein muß nach heutiger Auffassung auf drei verschiedene Steine angewendet werden, den Rubin, den Granat und den roten Spinell. Da bei der heiligen Hildegard keiner dieser drei Steine genannt wird, bleibt die Frage, was sie unter dem Karfunkel verstand, offen; am wahrscheinlichsten ist, daß der Granat gemeint sein könnte, der von den genannten Steinen als einziger in Europa gefunden wurde und der zudem auch in der Schmuckherstellung früh weite Verbreitung fand.

Der Amethyst

Der Amethyst wächst, wenn die Sonne einen Hof hat, als habe sie einen Ring. Das ist dann der Fall, wenn sie irgendeine Veränderung am Gewand des Herrn, nämlich in der Kirche, ankündigt. Wenn er wächst, dann in Massen wie der Kieselstein („flins"), und deshalb gibt es so viele. Er ist warm und feurig und ein bißchen luftartig, weil zu der Zeit, da die Sonne, wie gesagt, einen Hof hat, die Luft ziemlich lau ist. Wenn jemand Flecken im Gesicht hat, befeuchte er einen Amethyst mit seinem Speichel und bestreiche („bestriche") mit dem auf diese Weise angefeuchteten Stein die Flecken. Er erhitze auch Wasser am Feuer und halte diesen Stein über das Waser, damit sich die Ausdünstung, die aus dem Stein austritt, mit dem Wasser vermischt. Dann lege er den Stein auch in dieses Wasser und wasche mit dem Wasser sein Gesicht. Dies mache er oft so, und er wird im Gesicht eine zarte Haut und eine schöne Farbe bekommen. Wenn jemand aufgrund einer plötzlichen Geschwulst irgendwo an seinem Körper geschwollen ist, befeuchte er diesen Stein mit seinem Speichel und berühre dann mit dem feuchten Stein überall die geschwollene Stelle: Die Schwellung wird zurückgehen und verschwinden. Wenn eine Spinne jemanden am Körper gebissen hat, fahre („striche") er mit diesem Stein über die Bißstelle, und er wird geheilt werden. Die Schlange und die Viper, das heißt „nater", meiden diesen Stein und vermeiden den Ort, wo sie ihn wissen.

Der Amethyst, die violette Varietät des Quarzes, soll seinen Namen nach dem indogermanischen Wortstamm „met" haben, der Bezeichnung für berauschenden Honigwein. Bei den Griechen soll daraus „a-methy", also „ohne Rausch" geworden sein, weil dem Stein die Fähigkeit zugesagt wurde, Berauschte zu ernüchtern.
Bei den Germanen galt der Amethyst als Glücksbringer, tibetanische Mönche bevorzugen ihn für die Herstellung von Gebetsschnüren, bei den Griechen

sollte er den Frauen die Keuschheit, den Männern den Mut bewahren und außerdem vor Diebstählen und Überfällen schützen. Im Altertum und im Mittelalter wurde der Stein zu Heilzwecken vorwiegend als Pulver verabreicht, Papst Clemens VII soll während seiner tödlich verlaufenden Erkrankung im Jahr 1534 pulverisierten Amethyst im heutigen Wert von mehreren Millionen Mark geschluckt haben.

Der Achat

Der Achat entsteht aus dem Sand eines Gewässers, das vom Osten bis in den Süden reicht. Er ist warm und feurig. Dennoch hat er mehr Kraft von der Luft und vom Wasser als vom Feuer. Wenn nämlich jenes Gewässer sinkt und sodann der Sand daliegt, ohne vom Wasser bedeckt zu sein, dann wird ein Teil des Sandes von der heißen Sonne und der reinen Luft durchdrungen, und so wird er zu einem glänzenden Stein. Wenn das Wasser dann wieder ansteigt und den Sand überflutet, löst es den Stein aus dem Sand und trägt ihn in andere Länder. Wenn eine Spinne oder sonst ein Ungeziefer sein Gift auf einen Menschen spritzt, jedoch so, daß es nicht in seinen Körper eindringt, soll man einen Achat an der Sonne oder über einem heißen Ziegelstein kräftig erwärmen und dann den Stein warm, wie er ist, auf die schmerzende Stelle legen. Der Stein wird das Gift wegnehmen. Dann soll man ihn noch einmal auf dieselbe Weise erwärmen und ihn über den Dampf von heißem Wasser halten, damit sich seine Ausdünstung mit dem Wasser vermischen kann. Dann lege man den Stein eine knappe Stunde lang in dieses Wasser, tauche dann ein leinenes Tuch in das Wasser und massiere mit dem Leinentuch die Körperstelle, wo sich der Einstich von der Spinne befindet oder wo sonst ein Gift daraufgespritzt wurde. So wird er geheilt werden.

Wenn jemand diesen Stein bei sich trägt, soll er ihn auf die nackte Haut legen, damit er sich erwärmt. Die natürliche Kraft dieses Steines wird den Menschen dann geschickt, verständig und klug beim Reden machen, weil der Achat aus Feuer, Luft und Wasser entsteht. Wie ein Giftkraut, das man auf die Haut eines Menschen legt, dort manchmal eine Pustel oder ein Geschwür hervorruft, so machen andererseits bestimmte Edelsteine einen Menschen durch ihre Kraft gesund und verständig, wenn man sie ihm auf die Haut legt. Wenn jemand die Fallsucht hat und mondsüchtig ist, soll er einen Achat immer auf seiner Haut tragen, und dann wird es ihm bessergehen. Sehr oft werden nämlich Menschen mit diesen Krankheiten geboren; sie ziehen sich aber auch diese Krankheiten durch den Überfluß an schädlichen Säften und Krankheiten zu. Wer die Fallsucht hat, lege einen Achat drei Tage lang in Wasser, wenn gerade Vollmond ist, nehme ihn am vierten Tag wieder heraus und erhitze das Wasser ein wenig, so daß es aber nicht siedet. Dieses Wasser bewahre er auf und koche damit alle Speisen, die er bis zum Neumond ißt. Den Achat lege er in alles, was er in dieser Zeit trinkt, sei es Wein oder Wasser, und trinke es so. So soll er es zehn Monate machen, und er wird geheilt werden, außer Gott will es nicht. Wer mondsüchtig ist, lege drei Tage, bevor seiner Erfahrung nach die Zeit seiner geistigen Störung einsetzt, diesen Stein drei Tage lang in Wasser, nehme ihn am vierten Tag heraus, erhitze dann das Wasser ein wenig und koche damit alle Speisen, die er während der Zeit seiner geistigen Gestörtheit ißt. Während derselben Zeit lege er ihn auch in jedes Getränk und trinke dann davon. So mache er es fünf Monate lang, und er wird sein volles Bewußtsein und die Gesundheit wiedererlangen, außer Gott läßt es nicht zu. Wenn das Wasser durch die Kraft dieses Steines ein wenig erwärmt und der Kranke damit wieder aufgerichtet wurde – das Wasser darf nicht heiß sein, damit der Kranke nicht noch kränker wird –, sollen die Speisen für den Kranken mit diesem Wasser zubereitet werden, auch die Getränke, und zwar auf dieselbe Weise, wie oben beschrieben. So werden die Säfte, die bei dem betreffenden Menschen die geistige Störung verursachen, durch die Kraft dieser Mischungen und die Kraft Gottes beruhigt. Bevor man ins Bett geht, trage man jede Nacht einen Achat offen der Länge und dann der Breite nach durch das Haus, also in der Form des Kreuzes. Diebe werden dann nicht so leicht ihre Absichten ausführen und Erfolg haben können, und sie werden beim Stehlen den kürzeren ziehen.

Der Achat, eine gebänderte Chalzedon-Varietät, oft mit quarzgefüllten Hohlräumen, wurde bereits von den Sumerern geschätzt und als Schmuck getragen. Durch eine Verarbeitung, die der natürlichen Zeichnung des Steins optimal Rechnung trug, konnten sich in Griechenland Künstler hohen Ruhm erwerben. Im klassischen Rom war es nur verdienten Patriziern erlaubt, Achatschmuck zu tragen. Nach der Schlacht von Canae soll den gefallenen Truppenführern der Achatschmuck abgenommen und als Siegesbeute nach Karthago gebracht worden sein.

Der Diamant

Der Diamant ist warm. Er stammt von bestimmten Bergen im Süden, die fast schieferartig ("legechte") und glasartig ("glasechte") wie bestimmte Kristalle sind. Aus diesem Gestein kommt manchmal ein dröhnendes Geräusch ("gedosze") wie von einem großmächtigen Herzen. Weil der Diamant, schon bevor er groß wird, stark und hart ist, spaltet sich das Gestein des Berges da, wo der Diamant liegt, und so fällt dieser wie ein Kiesel ("krisolo") und auch ungefähr so groß in das Wasser. Wenn sich aber später an derselben Stelle in diesem Gestein ein Diamant bildet, dann ist er schwächer als der vorige. Und wenn dann die Flüsse anschwellen und über die Ufer treten, spülen sie diesen Stein in andere Gegenden fort. Es gibt Menschen, die aufgrund ihrer Naturanlage und durch das Einwirken des Teufels boshaft sind. Daher schweigen sie gern. Wenn sie aber reden, haben sie dabei einen stechenden Blick, und manchmal geraten sie fast außer sich, als ob sie wahnsinnig wären; sie fassen sich aber bald wieder. Solche Menschen sollen oft oder immer einen Diamant in den Mund nehmen. Seine Kraft ist von solcher Art und so groß, daß er die Bosheit und das Böse, das in ihnen steckt, auslöscht. Aber auch wer geisteskrank, lügnerisch, jähzornig ist, habe diesen Stein ständig in seinem Mund. Seine Kraft befreit ihn von diesen Leiden. Wer nicht fasten kann, lege diesen Stein in den Mund. Er wird sein Hungergefühl abschwächen, so daß er um so länger fasten kann.

Wer gichtkrank ("vergichtiget") ist oder einen Schlaganfall hatte (nämlich die Krankheit, welche eine Körperhälfte ergreift, so daß man sich nicht mehr bewegen kann), lege einen Diamanten einen ganzen Tag lang in Wein oder in Wasser und trinke davon. Dann wird bei ihm die Gicht nachlassen, auch wenn sie so stark ist, daß seine Glieder zu zerreißen drohen. Auch die Wirkung des Schlaganfalls wird sich abschwächen. Auch wer Gelbsucht ("gelsucht") hat, lege diesen Stein in Wein oder in Wasser und trinke davon; er wird geheilt werden. Der Diamant ist so hart, daß keine Härte ihm beikommen kann. Daher greift er sogar Eisen an und ritzt es. Weil somit weder Eisen noch Stahl seiner Härte etwas anhaben können, macht er Stahl so hart, daß dieser nicht nachgibt und auch nicht eher bricht, als bis man ihn durchschneidet. Der Teufel ist diesem Stein feindlich gesinnt, weil er seiner Stärke widersteht. Daher verschmäht ihn der Teufel bei Tag und Nacht.

Der Diamant, der „König der Edelsteine", ist eigentlich nichts weiter als reiner Kohlenstoff. Seinen Namen hat er vom griechischen „adamas", was „der Unbezwingbare" bedeutet, weil er gegen physikalische wie chemische Einflüsse nahezu unempfindlich ist. Schon im Altertum war er ein beliebter Schmuckstein. Die größten Diamanten gelten allerdings als Unglücksbringer, so der „Stern von Afrika", der „Cullinan IV." und der „Kohinor" – alle im Londoner Tower aufbewahrt, der „Hope", der wahrscheinlich während der Französischen Revolution den Besitzer wechselte, der „Florentiner", der seit dem Ersten Weltkrieg verschollen ist. Abenteuerliche Schicksale hatten auch der „Großmogul", der „Orlow" und der „Jubilee". Im Lamaismus gilt das Diamantszepter als der wichtigste Kultgegenstand.

Der Magnetit

Der Magneteisenstein ist warm. Er entsteht aus dem Geifer bestimmter Giftschlangen, die in einem bestimmten Sand und in bestimmtem Gewässer, jedoch mehr im Sand als im Wasser leben. Es gibt eine bestimmte Giftschlange, die wie eine Schnecke am Wasser und im Wasser bleibt und die manchmal ihren Geifer auf eine bestimmte Stelle der Erde fließen läßt, woraus Eisen gewonnen wird. Wenn das eine andere Giftschlange sieht, die auch an diesem Wasser und in diesem Wasser bleibt und die sich von der Erde ernährt, aus der Eisen gewonnen wird, eilt sie begierig zu diesem Geifer und spritzt ihr schwärzliches Gift auf diesen Geifer. Das Gift durchdringt den Geifer mit seiner Stärke. Als Folge der Verhärtung und Versteinerung hat daher der Magneteisenstein die Farbe des Eisens und zieht auch das Eisen von Natur aus an, denn er bildet sich aus dem Gift, das mit der Erde angereichert wird, aus der man Eisen gewinnt. Das Wasser, in dessen Nähe dieser Stein liegt, verdünnt und verringert das sehr starke Gift, das darin enthalten ist, indem es ihn oft bespült und darüberfließt. Wenn ein Mensch wahnsinnig oder infolge irgendeiner Wahnvorstellung außer sich („virgogelecht") ist, soll er einen Magnetstein mit seinem Speichel bestreichen („bestriche") – und mit dem so angefeuchteten Stein dem Wahnsinnigen über den Scheitel und dann quer über seine Stirn fahren („bestriche") und sprechen: „Du Übel des Wahnsinns, weiche in Anbetracht der Kraft, mit der Gott die Kraft des vom Himmel stürzenden Teufels zum Wohl des Menschen verwandelt hat!" Und er wird wieder zur Besinnung kommen. Denn das Feuer dieses Steines ist nützlich und nutzlos, weil das Feuer, das er von der eisenhaltigen Erde hat, nützlich ist. Das Feuer aber, das er vom Gift der Schlangen hat, ist nutzlos. Wenn der Magneteisenstein durch die heilsame, warme Feuchtigkeit des menschlichen Speichels angeregt wird, bezwingt er die schädlichen Säfte, welche den Menschen um seinen Verstand bringen.

Der Magnetstein, Magnetit, eigentlich ein Eisenerz, dürfte für Hildegard ein wohlbekannter Stein gewesen sein, da er nicht nur in den Alpen und im Bayerischen Wald, sondern auch in der Eifel häufig vorkommt. Magnetit findet sich meist mit anderen Erzen vermengt.

Der Lyncurius

Der Luchsstein ist warm. Er bildet sich aus einem bestimmten und nicht jedem Urin des Luchses. Denn der Luchs ist kein ausschweifendes, leidenschaftliches, unreines Tier, sondern er hat ein ausgeglichenes, beherrschtes Wesen. Seine Kraft ist so groß, daß er sogar Steine durchdringt. Daher hat er auch einen scharfen Blick. Seine Augen verlieren nicht leicht ihre Sehkraft. Aus seinem Urin entsteht nicht immer dieser Stein, sondern nur dann, wenn die Sonne sehr heiß brennt und die Luft leicht, mild und wohltemperiert ist. Das Tier freut sich nämlich dann einmal wegen der warmen, reinen Sonne und wegen der angenehmen, schönen Luft. Wenn es dann urinieren will, gräbt es mit dem Fuß ein Loch in die Erde und uriniert dann in dieses Loch. So bildet sich und wächst der Luchsstein unter dem Einfluß der Sonnenglut. Unter dem Einfluß der reinen Sonne und der milden Luft, die das Tier berühren bzw. durchdringen, und unter dem Einfluß seiner frohen Stimmung und seiner großen Kraft ist der Urin in ihm warm. Wenn er sodann ausgeschieden wird, verdichtet er sich zu diesem Stein, und zwar so, daß die Bildung dieses schönen Steines, der weicher als andere Steine ist, in der Erde erfolgt. Wenn jemand starke Magenschmerzen hat, soll er einen Luchsstein eine knappe Stunde lang in Wein oder Bier oder Wasser legen und dann wieder herausnehmen. Die Flüssigkeit wird von den Kräften dieses Steines so durchdrungen, daß sie davon ihre Kraft erhält. So soll man fünfzehn Tage lang verfahren. Gib dem Kranken davon ein wenig zu trinken, aber nicht auf nüchternen Magen, sondern wenn er ein kleines Frühstück zu sich genommen hat: Kein Fieber und keine Krankheit, mit Ausnahme einer tödlichen, können in seinem Magen dann so stark sein, daß der Magen des Kranken nicht dadurch purgiert und gereinigt und er selber geheilt würde, es sei denn, er befände sich bereits am Rand des Todes. Aber sonst soll niemand aus irgendeinem Grund dieses Mittel trinken außer bei Magenschmerzen: er könnte es nicht überleben, weil es so stark ist, daß es sein Herz angreifen („virseriget") und seinen Kopf spalten und sprengen würde. Wer Schwierigkeiten beim Urinieren hat, so daß er nicht urinieren kann, lege den Luchsstein einen Tag lang in Kuh- oder Schafsmilch, nicht aber in Ziegenmilch, nehme ihn am zweiten Tag wieder heraus und erwärme die Milch, das heißt, er lasse sie aufkochen („welle") und trinke sie dann. Wenn er das fünf Tage lang so macht, wird es den Urin in ihm lösen.

Unter der Bezeichnung Ligurius dürfte wohl der Ligurit (Luchsstein) verstanden werden. Heute ist er unter dem Namen Titanit bekannt, der allerdings mit einer ganzen Reihe anderer Edelsteine verwechselt werden kann und verwechselt wird. Seine Farbe variiert zwischen gelb, braun und grün. Chemisch gesehen ist der Titanit eine Calcium-Titan-Silicat-Verbindung.

Der Bergkristall

Der Bergkristall entsteht aus bestimmtem kaltem Wasser von fast schwarzer Farbe*. Wenn eisige Kälte aus der Luft kommt und das Wasser berührt, dann gefriert das Wasser infolge der Kälte stellenweise wie zu einem festen Klumpen. Sozusagen das Herz des Wassers verdichtet sich ganz fest. Wenn dann die Wärme der Luft oder der Sonne diese feste Masse berührt, nimmt sie ihr die dichte weiße Farbe, die sie dann noch hat, durch ihre Wärme weg, so daß sie ziemlich klar wird, aber doch durch die Wärme nicht aufgelöst werden kann. Die dann wieder einsetzende Kälte verdichtet diese Masse immer mehr und macht sie noch klarer. Der Klumpen ist dann so stark, daß er durch die Wärme nicht mehr aufgelöst werden kann, auch wenn das ganze Eis ringsum schmilzt. So entsteht der Kristall, und so ist und bleibt er einer. Wer schwache Augen hat, erwärme einen Bergkristall an der Sonne und lege ihn dann, warm wie er ist, oft auf seine Augen. Weil er seinem Wesen nach aus dem Wasser stammt, zieht er die schlechten Säfte aus den Augen, und so wird der Augenkranke wieder besser sehen. Wenn Halsdrüsenschwellungen („drusae") oder Halsfisteln („orfimae") sich am Hals eines Menschen bilden, erwärme er den Stein an der Sonne und binde ihn dann tagsüber oder über Nacht auf die Drüsenschwellung („drusae") oder auf die Halsfisteln („orfimae"). Wenn er oft so verfährt, werden diese verschwinden. Wenn bei jemandem an der Kehle eine Geschwulst („hubo") wächst beziehungsweise rasch anschwillt, erwärme er einen Bergkristall an der Sonne und gieße über den warmen Stein Wein. Davon soll er oft trinken, und er soll auch den an der Sonne erwärmten Stein oft an seine Kehle über die Geschwulst („hubin") legen, und diese wird kleiner werden. Wer ein Herz- oder Magenleiden oder Bauchschmerzen hat, soll einen Bergkristall an der Sonne erwärmen und dann auf den warmen Stein Wasser gießen. Dann lege er diesen Stein eine

---

* Lücke im Text.

knappe Stunde in dieses Wasser und nehme ihn dann wieder heraus. Wenn er dieses Wasser dann oft trinkt, wird er sich im Herzen, im Magen oder im Bauch besser fühlen. Wer von der Nesselsucht („nesseden") geplagt wird, erwärme diesen Stein an der Sonne und lege ihn dann warm, wie er ist, auf die Stelle, wo er Schmerzen hat, und die Nesselsucht („nessia") wird vertrieben werden.

Der Bergkristall, durchsichtig klarer Quarz, ist als Schmuckstein nur von geringem Wert. Um so höher geschätzt wurde er einst zur Verarbeitung von Karaffen und Pokalen, weil er sehr große, gut schleifbare Kristalle bildet. Kaiser Rudolf II. war ein besonders engagierter Liebhaber von Bergkristallen und beschäftigte die bedeutendsten Künstler seiner Zeit mit der Herstellung von Bergkristallpokalen.

Die Perlen

Es gibt bestimmte Flüsse, die Salzwasser führen. Daraus entstehen die Perlen. Denn das ölige Fett dieser Flüsse sinkt mit ihrem Salz in den Sand, so daß das Wasser darüber gereinigt wird. Dieses Fett verbindet sich mit dem Salz zu den Perlen. Diese Perlen sind rein. Nimm also solche Perlen und lege sie in Wasser, und jede Verfärbung und der Schlamm („slim"), der sich in diesem Wasser befindet, sammelt sich um diese Perlen, und das Wasser darüber wird sauber und rein.

Ein Mensch, der Fieber („fiber") hat, trinke oft dieses Wasser, das sich darüber befindet, und es wird ihm bessergehen. Wer Kopfschmerzen hat, erwärme die Perlen an der Sonne, lege dann die warmen Perlen um seine Schläfen und binde sie mit einem Tuch fest, und er wird kuriert werden.

Perlen, die Tränen des Mondes oder der Venus, gehören zwar nicht in den Bereich der Edelsteine, sind aber im Altertum – genau wie der Bernstein – ihnen zugerechnet und in der Edelsteinmedizin gern verwendet worden. Ihre eigentliche Beliebtheit freilich erlangten sie als Schmuckutensilien, wobei Größe und Farbenschimmer eine entscheidende Rolle für den Wert darstellen. Die größte bisher gefundene Perle ist größer als ein Taubenei und wird im Londoner Kensingtonmuseum gezeigt.

Die Flußperlen

Die Flußperlen entstehen aus bestimmten Muscheltieren. Das sind Tiere, die in Schalen liegen und im Meer sowie in bestimmten großen Flüssen leben. Einige dieser Muscheltiere halten sich auf dem Grund dieser Flüsse auf und suchen dort ihre Nahrung. Sie sind ein wenig giftig. Aus dem Schmutz, den sie auf dem Grund in sich aufnehmen, und von ihrem Gift, das sie ausscheiden, bilden sich bestimmte Perlen („berlir"), und so entstehen sie. Manchmal sind sie trüb, weil sich diese Tiere eben auf dem Grund dieser Gewässer aufhalten. In diesem Fall haben sie so gut wie keinen Nutzen. Einige von diesen Muscheltieren halten sich gewöhnlich in der Flußmitte auf, wo das Wasser sauber ist. Dort nehmen diese Tiere weniger Schmutz in sich auf, und deshalb haben sie auch nur wenig Gift in sich. Daher werden dort auch die Perlen – sie entstehen aus dem Wasser, das diese Tiere in sich aufnehmen, und aus dem Gift, das sie ausscheiden – leuchtend klar, weil ja dort in der Flußmitte das Wasser ziemlich sauber ist. Aber trotzdem haben sie so gut wie keinen medizinischen Nutzen; sie leuchten nur stärker als die anderen, und sie enthalten weniger Gift als die anderen. Einige von diesen Muscheltieren halten sich an der Wasseroberfläche dieser Flüsse auf, wo Schaum und viel Schmutz im Wasser treiben. Aus diesem Schaum und dem Schmutz obenauf bilden sich mit dem Gift dieser Tiere bestimmte Perlen („berlin"), die auch ein wenig trüb sind, weil sie aus dem Schaum und dem Schmutz, der sich ansammelt, entstehen. Sie haben keinen medizinischen Nutzen, weil sie den Menschen eher Krankheit als Gesundheit bringen. Denn wenn ein Mensch sie in den Mund nähme, würde er sich dadurch in der Regel eine solche Krankheit zuziehen und genauso krank werden, wie wenn er irgendein Gift genommen hätte. Auch wenn er sie sich auf die Haut legte, so daß sein Fleisch von ihnen erwärmt würde, würde er von ihnen Gift in sich aufnehmen und auf diese Weise krank werden und Schmerzen haben.

Der Karneol

Der Karneol stammt eher von der heißen Luft als von der kalten. Man findet ihn im Sand. Wenn jemand Nasenbluten hat, erwärme Wein, lege den Karneol in den warmen Wein und gib ihn dann so ihm zu trinken, und das Bluten wird aufhören!

Der Karneol, ein Mitglied der Quarzfamilie, hat seinen gebräuchlichen Namen von der Kornelkirsche – die übrigens zu den Heilpflanzen Hildegards zählt. Im Prinzip ist der Karneol eine fleischfarbene bis braunrote Varietät des Chalzedon, der seine Tönung aus einer Eisenoxydverbindung hat. Die heute auf dem Markt befindlichen Karneole sind allerdings meist durch Eisennitratlösung gefärbte Achate. Wie alle Varietäten des Chalzedon war der Karneol im Altertum ein beliebter Schmuckstein, aus dem vor allem Gemmen geschnitten wurden.

Der Alabaster

Der Alabaster hat weder die richtige Wärme noch die richtige Kälte in sich, sondern ist sozusagen lauwarm, so daß man so gut wie keine medizinische Wirkung in ihm findet.

Der Alabaster, die unterschiedlich, meist pastellig getönte Gips-Varietät, soll seinen Namen nach der oberägyptischen Stadt Alabastron haben. Als Therapeuticum wird er kaum erwähnt, um so beliebter ist er, seiner leichten Schleif- und Polierbarkeit wegen, von jeher zur Herstellung von Gefäßen, vor allem von Statuen und Tierfiguren für den Tempelschmuck.

Der Kalk

Der Kalk ist warm. Wenn man ihn brennt, entsteht daraus Ätzkalk. Daher ist auch der Ätzkalk warm. Wenn der Kalk durch das Brennen pulverisiert wird, wird er noch stärker und bindet durch sein Feuer Erde und Sand.

Wenn ein Mensch oder ein Tier vom Kalk gegessen hat, schädigt dessen starke Wärme den, der davon gegessen hat, und macht ihn krank. Aber der Mensch, an dem irgendwo ein Wurm nagt, nehme Ätzkalk und die doppelte Menge Kreidekalk („criden"), bereite sich daraus mit Essig oder Wein einen dünnen Mörtelbrei und streiche ihn mit einer Feder auf die Stelle, wo er unter dem Wurm zu leiden hat. So soll er täglich bis zum fünften Tag verfahren. Danach nehme er Aloe und ein Drittel soviel Myrrhe, verreibe sie miteinander, bereite daraus mit frischem Wachs eine Salbe („eyn plaster") und streiche sie auf ein Tuch aus Hanf. Dies binde er dann zwölf Tage lang auf die schmerzende Stelle. Denn Ätzkalk ist warm und Kreidekalk („crida") kalt, und so vermischt sich die Wärme des Ätzkalks mit der Kälte des Kreidekalks sowie mit der Wärme und Schärfe des Weins und tötet die Würmer ab. Die Wärme der Aloe verstärkt die Myrrhe, zieht den Eiter der Geschwüre heraus und heilt die betroffene Stelle.

Die übrigen Steine

Die übrigen Steine, welche in den verschiedenartigen Böden und Gebieten entstanden sind und die unterschiedlichen Eigenschaften und Farben von den Böden ihrer Entstehung bekommen, taugen nicht besonders als Heilmittel, zum Beispiel der Marmor, der Sandstein („grieszstein"), der Kalkstein („calckstein"), der Tuff („ducksteyn"), der Feldstein („wacken") und dergleichen. Denn sie enthalten entweder zuviel Feuchtigkeit oder zu große Trockenheit. Erstere wird nicht durch die richtige Trockenheit gemildert; oder sie enthalten zu große Trockenheit, welche nicht durch die richtige Feuchtigkeit befeuchtet wird.

Zum Leben der heiligen Hildegard von Bingen

Um in das Gedankengut der Edelstein-Medizin der heiligen Hildegard, in die so sorgfältig zusammengetragenen Lehren von den Naturdingen einzudringen, bedarf es sicherlich auch eines Blickes auf das Leben und die Umwelt der Bingener Äbtissin.

Als zehntes und letztes Kind wurde dem Edelfreien Hildebert von Bermersheim im Sommer 1098 ein schwächliches Mädchen geboren, das auf den Namen Hildegard getauft wurde. In der Vita der Heiligen sollte ihr Biograph, der Mönch Gottfried, später schreiben, sie habe „beinah von Kindheit an" ständig an schmerzhaften Krankheiten gelitten, „so daß sie nur selten gehen konnte". An die Stelle der fröhlichen Kinderspiele mit den temperamentvollen Geschwistern, die ihr versagt waren, trat für das kleine Mädchen eine übersinnliche Wahrnehmungskraft, die – von den Eltern wohl mit ängstlichem Staunen erfahren – das ganze, reiche Leben des Mädchens und der Frau prägen sollte. Sie selbst bekennt: „Schon beim ersten Werden meiner Gestalt, als Gott mich im Schoß meiner Mutter mit seinem Hauch zum Leben erweckte, hat er diese Visionsbegabung in meine Seele gelegt... Bis zu meinem fünften Lebensjahr sah ich vieles und manches erzählte ich einfach, so daß die, die es hörten, sich sehr wunderten, woher es käme und von wem es sei."

Zu den frühesten übersinnlichen Wahrnehmungen, die uns von Hildegard bekannt sind, gehört die gegenüber der Kinderfrau gemachte Beschreibung der Färbung eines noch ungeborenen Kälbchens, die sich bis ins kleinste Detail als richtig erweisen sollte.

Nicht nur der zeitgemäß fromme Wunsch der Eltern, dieses Kind Gott zu weihen, sondern wohl auch die geheimnisvolle Begabung zu Visionen, mochte die Bermersheimer veranlaßt haben, Hildegard im Alter von acht Jahren einer befreundeten Klausnerin, Jutta von Spanheim zur Erziehung zu übergeben, als diese sich beim Disibodenberger Benediktinerkloster in eine Klause einschließen ließ.

Weiterhin in das Erleben visionärer Erscheinungen eingebunden –

die sie mehr und mehr schweigend in sich verschloß, um ihre Umgebung nicht damit zu belasten – erfuhr das Mädchen auf dem Disibodenberg eine sorgfältige Ausbildung „in den Psalmen Davids und im Singen der Psalmen". Über die Qualifikation dieser Erziehung ist zu allen Zeiten, in denen man sich mit Hildegards Leben beschäftigte, viel spekuliert worden, zumal sie selbst später in einem Brief an Bernhard von Clairvaux schreibt, sie kenne die Buchstaben der deutschen Sprache nicht, zumal sie sich selbst immer wieder als „ungebildete Frau" bezeichnet, die lediglich dazu tauge, „wie eine Trompete" zu verkünden, was Gott ihr eingieße. Eigenes könne sie nicht vollbringen.

Man sollte sich davon nicht irreführen lassen. Zum einen ist diese Formulierung eine weitverbreitete mittelalterliche Demutsgeste, zum anderen soll, gerade bei Hildegard, der Prophetin Gottes, durch die Betonung der eigenen „Unbildung" die Größe des sich ihr offenbarenden Schöpfers unterstrichen werden, der ein so schlichtes Gefäß für die Fülle seiner Gnade wählte. Tatsächlich kannte Hildegard die Heilige Schrift vom Alten Testament bis zur Geheimen Offenbarung und verfügte, was ihre Lieder, ihre Briefe, ihre Predigten beweisen, über ein hohes Sprachniveau, war – wenn auch mit grammatikalischen Schwächen – der lateinischen Sprache mächtig genug, um mit Königen und Kaisern, Bischöfen und Päpsten zu korrespondieren und das erste systematische Werk deutscher Sprache über die Naturheilkunde niederzuschreiben.

Als Erzieher standen Hildegard sicherlich nicht nur Jutta von Spanheim, die Vorsteherin der sich rasch ausbreitenden Frauengemeinschaft, zur Verfügung, sondern auch Volmar, der Beichtvater des Benediktinerkonvents, der ihr in späteren Jahren als treuer Sekretär zur Seite stehen sollte.

Hildegard selbst empfing nie die Klausnerinnenweihe, die sie verpflichtet hätte, lebenslänglich in der einmal gewählten Zelle zu bleiben, trat aber irgendwann zwischen ihrem vierzehnten und ihrem siebzehnten Lebensjahr – das genaue Datum ist unbekannt – in den Benediktinerorden ein. „Nachdem die Jungfrau Christi das monastische Gelübde abgelegt und den geweihten Schleier empfangen hatte, machte sie große Fortschritte und stieg von Tugend zu Tugend...", schrieb Jahrzehnte später der Mönch Gottfried.

Nicht nur Jutta von Spanheim, die im Dezember 1136 starb, dürfte dieses Reifen beobachtet haben, sondern auch die Frauengemeinschaft auf dem Disibodenberg, die längst zu einem kleinen Konvent angewachsen war. Denn einstimmig wählten die Frauen nun die 38jährige Hildegard zu ihrer Meisterin. Unruhige, kampfreiche, von Verantwortung, Strapazen und Leiden geprägte Jahre standen ihr bevor.

Nur zögernd nahm Hildegard, bedrängt von den Belastungen der prophetischen Schau und den Beschwerden des kränkelnden Körpers, die Bürde des Amtes auf sich, das sie noch für ein gutes Jahrzehnt auf dem Disibodenberg tragen sollte.

Die erste große Schauperiode, in der sie die Bildvisionen zu „Scivias" empfing, fiel noch in diese Klausnerinnenjahre. Sie begann, als Hildegard 42 Jahre alt war, mit dem Auftrag: „Tu kund die Wunder, die du erfährst. Schreibe sie auf und sprich!"

„Sci vias" – Wisse die Wege – ist diese erste große Schau Hildegards betitelt, die sie im Verlauf von zehn Jahren niederschrieb. Wisse die Wege, erkenne die Verflechtungen der Schöpfung mit dem Schöpfer, begreife die Einheit der kosmischen Geheimnisse, schau auf den Erlöser und die Erlösung, öffne dich Gottes Erbarmen.

In drei Bücher hat Hildegard die erste Schau gegliedert: das Mysterium der Dreieinigkeit Gottes, das Geheimnis des Bösen, das Wesen des Menschen.

Nicht nur die göttlichen Geheimnisse, die Hildegard in der Farbenglut der Schau offenbart wurden, sind für jeden von Interesse, der sich mit der Bingener Äbtissin beschäftigt, sondern auch die wenigen autobiographischen Anmerkungen, die sie in der Vorrede niederschreibt, eine breitgefächerte Auseinandersetzung mit den eigenen Schwächen, die eigene Verführbarkeit, die uns verdeutlichen, daß auch mittelalterliche Heilige Menschen von Fleisch und Blut waren. Die erkennen lassen, daß Hildegard durchaus bewußt im alltäglichen Leben stand und darum sehr wohl aus eigenen Beobachtungen ihre naturkundlichen Erkenntnisse schöpfen konnte. So wie sie ja auch die Not der Kirche in jener Zeit, das Elend des von Kriegen gebeutelten Landes, das Leiden der Ausgebeuteten und Siechen wachen Herzens erkannte und mit deutlichen Formulierungen anprangerte.

Natürlich sind uns viele zunächst geheimnisvolle Bilder in Hildegards Visionen vertraut. Wir kennen sie aus den Apokalypsen der jüdischen wie der christlichen Tradition, von den Schriften der Kirchenlehrer und der Scholastiker, von romanischen Fresken und gotischen Portalen, von Bestiensäulen und mittelalterlichen Altarblättern, von den Symbolfiguren, die jahrhundertelang Kirche und Glauben, Hoffnung und Liebe verkörperten, Hoffahrt und Geiz, Laster und Bosheit.

Geplagt von körperlicher Schwäche und gepeinigt von der Angst, vor dem göttlichen Auftrag zu versagen, erbittet Hildegard die Hilfe ihres Beichtvaters und dem wiederum gestattet der Disibodenberger Abt, Hildegard als Sekretär zur Seite zu stehen. Den hochberühmten Bernhard von Clairvaux ersucht sie um Auskunft, ob sie „über diese Dinge offen reden oder schweigen soll". Abt Kuno vom Disibodenberg verfolgt interessiert die Niederschrift und macht – nachdem er sich überzeugt hat, daß Hildegard weder von asketischer Selbstzerstörung noch von dem hysterischen Wunsch, aufzufallen, bedroht ist – den Mainzer Erzbischof Heinrich, den Primas des Reiches, damit vertraut.

1147 hält Eugen III. zu Trier eine Synode ab, und Bischof Heinrich nutzt die Gelegenheit, den Papst über Hildegards Schau zu informieren. Die Vita der Heiligen berichtet: „Der Papst, ein Mann von hoher Diskretion, veranlaßte sorgfältige Untersuchung. Er sandte den verehrungswürdigen Bischof von Verdun, den Primizerius Adalbert und andere geeignete Männer zu dem Kloster, unter dessen Schutz die Jungfrau schon viele Jahre in der Klause lebte. Unauffällig, ohne sich von Neugier anstacheln zu lassen, sollten sie von ihr selbst in Erfahrung bringen, was an der Sache sei. Da sie nun zurückhaltend ihre Fragen stellten, eröffnete ihnen die Jungfrau in Einfalt, was sich mit ihr zugetragen hatte. Alsbald kehrten sie zum apostolischen Herrn zurück und berichteten ihm und den Versammelten über das Gehörte. Aller Aufmerksamkeit wurde wach. Der Papst ließ sich nach kurzer Überlegung die mitgebrachten Schriften der seligen Hildegard reichen und übernahm selbst das Amt des Vorlesers...

Da wurden die Herzen aller zum Lobe des Schöpfers entflammt, sie brachen in jubelnde Freude aus. Zugegen war auch der Abt Bernhard von Clairvaux. Dieser ergriff das Wort und bat den Hohepriester, er möge nicht zulassen, daß ein so hellstrahlendes Licht im Dunkel des Schweigens bleibe, sondern er solle die Gnadenfülle, die der Herr unter seinem Pontifikat kundtun wolle, durch seine Autorität bestätigen. Die anderen unterstützten Berhard von Clairvaux. Selbst der verehrungswürdige Vater der Väter stimmte gütig und weise zu und suchte die selige Jungfrau in huldvollem Schreiben heim. Er erteilte ihr in Christo und des heiligen Petrus Namen die Erlaubnis, was immer sie im Heiligen Geiste erkenne, kundzutun und munterte sie zum Schreiben auf.

Die Botschaft von Hildegards Schau verbreitete sich rasch, denn an der Trierer Synode hatten ja nicht weniger als achtzehn Kardinäle, eine Vielzahl von Bischöfen und Äbten teilgenommen, die nun die Kunde davon in die entferntesten Gegenden Europas trugen.

Schon vor 1147 war für die auf rund zwanzig Mitglieder angewachsene Gemeinschaft der Klausnerinnen der Raum auf dem Disibodenberg zu eng geworden. Hildegard beschloß, auf dem nahen Rupertsberg ein eigenes Kloster zu errichten. War schon der Entschluß zur Selbständigkeit, zum Bau, in jener Zeit eine ungewöhnliche Initiative für eine Frau – damals wurden ja gerade Frauenklöster in der Regel von Fürstenhäusern gestiftet und ausgestattet –, so galt es für Hildegard auch noch, die massiven Widerstände der Disibodenberger Abtei zu überwinden, die einerseits die begnadete Seherin nicht ziehen lassen wollte, die andererseits wohl nur ungern auf die wirtschaftlichen Güter der Frauengemeinschaft verzichtete.

Mit Zähigkeit und diplomatischem Geschick verwirklichte Hildegard ihre Pläne, erreichte die Loslösung vom Disibodenberger Konvent, das Recht zur Klostergründung, zur freien Äbtissinnenwahl und führte den Frauenkonvent unter größten wirtschaftlichen Opfern, ständig von Schmerzen geplagt und von der Niederschrift der Schau belastet, durch schwierige Anfangsjahre. Unfrieden herrschte im Konvent, dessen Mitglieder die strenge Einhaltung der Ordensregel nicht akzeptieren wollten, sich durch hochmögende Verwandte aufwiegeln oder in andere, berühmtere und besser ausgestattete Abteien berufen ließen. „Sturmwolken zogen über das Kloster hin und bedeckten die Sonne", schrieb Hildegard, „Trübsale brachen über mich herein... ich vergoß bittere Tränen." Es dauerte Jahre, bis die Auseinandersetzungen aufhörten, die widerspenstigen Schwestern das Haus verlassen hatten und Hildegard in Frieden und Harmonie die Gemeinschaft aufblühen sehen konnte.

Doch es ist ihr nicht lange gegönnt, den Frieden des Klosters als Schutz gegen die Nöte der Welt und der Zeit zu erfahren. Mit einer Einladung Kaiser Friedrich Barbarossas auf die Pfalz in Ingelheim im Jahre 1154 beginnt das öffentliche Wirken der Mahnerin und Predigerin Hildegard. So sehr einerseits die Freundschaft des Stauferkaisers – die wohl in einer alten Familienbeziehung zu den Bermersheimern wurzelte – dem Kloster in den Fährnissen der Zeit half, so sehr wurde Hildegard durch sie in den Investiturstreit zwischen Kaiser und Papst hineingezogen. Sie wurde zur Mahnerin und Prophetin nicht nur im geistlichen, sondern auch im weltgeschichtlichen Sinn. Es ist eine schwierige Zeit. Hildegard müßte nicht Hildegard gewesen sein, eine durch und durch fromme und kirchentreue Frau aus einem alten, der Krone verpflichteten Adelsgeschlecht stammend, hätte sie nicht unter dem Machtkampf zwischen dem Kaiser und dem Papst, unter der Zwietracht unter den deutschen Fürsten, unter dem Verfall von Sitte und Moral gelitten. Der Investiturstreit manifestierte sich ja in innerpolitischen Verwicklungen ebenso wie in internationalen Wirren. Doch nicht nur Kaiserkrone und Tiara kämpften um die weltliche Vorherrschaft im Abendland, nicht nur Papst stand gegen Papst und Bischof gegen Bischof, auch das morgenländisch-orthodoxe und das römisch-abendländische Christentum brachen auseinander. Das enggeknüpfte Netz überkommener christlicher Moralvorstellungen zerriß angesichts der sinnenfrohen Lebensgier einer Zeit, in der Kriege, Verwüstungen und Seuchen frühen Tod brachten, eine erbarmungslose Gerichtspraxis manch armen Teufel ins Elend trieb. Doch neben kaum vorstellbarer Brutalität und der Abkehr aller überkommenen Moraltradition brachte dieses 12. Jahrhundert auch eine unerhörte Glaubensbereitschaft, Opfermut und Liebe. Nicht umsonst fiel die Aufforderung Papst Urbans II., das Grab Christi aus der Hand der Heiden zu befreien, beim jungen Ritterstand auf fruchtbaren Boden. Die Kreuzzüge freilich brachten für eine lange Epoche unvorstellbares Elend mit sich, für Christen wie für Heiden gleichermaßen.

Machtgier und Weltflucht, Prunksucht und Askese hielten einander die Waage, neben dem Festhalten an dunkelstem Aberglauben begann in den ersten Universitäten systematisches Forschen. Ein Jahrhundert der Gegensätze, des Aufbruchs, der Verzweiflung, der Hoffnung. Hildegard ist in diese Strömungen hineingeflochten, mahnt, betet, leidet mit denen, die Opfer der Zeit sind.

Zwischen 1158 und 1163 schreibt Hildegard – die „Scivias"-Vision weiterführend –, die zweite große Schau, das „Buch von den Lebensverdiensten" nieder. Dieses zeigt Handeln und Sein des Menschen in der Auswirkung auf seine Mitgeschöpfe, den Lauf der Zeiten und den gesamten Kosmos. Es führt zur Schöpfungsverantwortung nicht nur im Sinne des erst heute als notwendig erkannten Umweltschutzes, sondern im Sinne der geistigen und geistlichen Verantwortung.

Das Buch von den Lebensverdiensten – „Liber vitae meritorum" – ist geschrieben unter dem Eindruck des Kirchenkampfes, ist eine moralische Kampfschrift, die die Auseinandersetzungen von Gut und Böse zum Inhalt hat. 35 Tugenden und 35 Laster treten auf der Weltbühne in einem turbulenten, gelegentlich auch spitzzüngig geführten Wortgefecht gegeneinander an. Nicht allein die bildhafte Darstellung des Kampfes, durch den der Mensch sich in Freiheit für das Gute entscheiden soll, macht die Bedeutung dieser Schau aus, sondern auch die darin verborgene Beschreibung mittelalterlichen Rechtsempfindens und die entsprechenden Buß- und Strafmaße, die zu jeder Untat in feinsten Abstufungen genannt werden.

Kaum ist die Niederschrift des „Liber vitae meritorum" vollendet, hört die nun 65jährige Äbtissin neuerlich die himmlische Stimme: „... schreibe, was du siehst und hörst, zu Nutz und Frommen der Menschen nieder, auf daß sie ihren Schöpfer erkennen und ihm die gebührende Ehre nicht vorenthalten.« So entsteht das "Liber divinorum operum", die große Zusammenschau der Schöpfung, der statischen wie der dynamischen Bezogenheit von Mensch, Kosmos und Gott zueinander, Hildegards „kosmische Theologie".

Über diese Schau, die sie etwa zwischen 1163 und 1173 erfährt, bekennt sie selbst: „Die erwähnte Schau lehrte mich die Worte und den Inhalt des Evangeliums, das vom Anfang des Werkes Gottes handelt, und gab mir das Verständnis dazu ... Wie sanfte Regentropfen träufelte es aus Gottes Inspiration in mein Bewußtsein, so wie der Heilige Geist den Evangelisten Johannes betaut hat, als er aus Jesu Brust die gewaltige Offenbarung zog, daß im Anfang das Wort war." Vor allem den innergöttlichen Dialog will Hildegard als den schöpferischen Urgrund des Kosmos verdeutlichen, die Planung und Erschaffung des Menschen als Werkzeug und als Tabernakel Gottes, als ein mit Natur und Seele begabtes Leib-Geist-Wesen, das aus der Evolution allein nicht begreifbar wäre.

Das Leben der Äbtissin Hildegard scheint, betrachtet man die Jahreszahlen, erfüllt zu sein vom Empfang der geschauten Bilder und von der Niederschrift ihrer Deutung. Doch die Ruhe, von der man sich vorstellen könnte, daß sie sie gebraucht hat, daß sie ihr gegönnt war, hatte sie zu keiner Zeit.

Zwanzig Jahre, nachdem sie das Rupertsberger Kloster gegründet hatte, ist die Zahl der Schwestern soweit angewachsen, daß der Bau eines Filialklosters unumgänglich wird. 1165, als im Zuge der Auseinandersetzungen zwischen Kaiser Barbarossa und dem papsttreuen Mainzer Bischof das Augustinerstift Eibingen niedergebrannt wird, handelt Hildegard schnell und entschlossen. Sie erwirbt die Anlage, läßt noch im gleichen Jahr mit den Renovierungsarbeiten beginnen und wenige Monate später können die ersten Nonnen in einen der Seitenflügel einziehen. Kloster Eibingen blieb zwar auch nach dem völligen Wiederaufbau kleiner als das Rupertsberger Mutterhaus, blieb aber – im Gegensatz zu dem 1631 bei einem Schwedeneinfall zerstörten Rupertsberg – bis zur Säkularisation 1802 bestehen. Seit 1904 führt das Konvent der Benediktinerinnen von St. Hildegard oberhalb der Eibingen Gründung das Erbe der Gründerin in beispielhafter Weise fort.

Wäre schon die Leitung beider Konvente, die Hildegard bis an ihr Lebensende beibehielt, eine neben der Niederschrift der Schauungen großartige Leistung für eine zeitlebens kranke, schwächliche Frau gewesen, so war dies doch nur ein Bruchteil dessen, was die Heilige bewältigte.

Beeindruckend wie das gesamte Lebenswerk ist – beispielsweise – der umfangreiche Briefwechsel, in dem sie zur Mahnerin, zur Trösterin ihrer Zeitgenossen wurde. Die Päpste Eugen III., Anastasius IV., Hadrian IV. und Alexander III. sind ihre Korrespondenzpartner in einer von Machtkämpfen zwischen weltlicher und kirchlicher Herrschaft zerrissenen Zeit, in der meist mindestens zwei Päpste gleichzeitig ihren Anspruch auf den Stuhl Petri erhoben. Es sind nicht Demutsbezeugungen, die die Bingener Äbtissin an die obersten Kirchenfürsten richtet, es sind klar formulierte Mahnungen, wie sie sie auch Kaiser Friedrich Barbarossa zukommen läßt, einer ganzen Reihe von Königen, Fürsten, Bischöfen, Äbten und Äbtissinnen, in deren Klöstern Zuchtlosigkeit und Unfrieden herrschte. Aber sie schrieb mit nicht geringerer Anteilnahme auch an einfache Ordensleute.

Zu dem umfangreichen Lebenswerk gehören Lebensbeschreibungen der Heiligen Rupertus und Disibod, eine Ausdeutung über die Symbolik der Athanasius-Schriften, die Beantwortung einer Reihe spitzfindiger theologischer Fragen, eine Fülle von Liedern, ein Mysterienspiel über den „Reigen der Tugenden" und schließlich noch eine Geheimschrift, die „lingua ignota", die bis heute nicht entschlüsselt werden konnte.

Von 1150 an verfaßt Hildegard von Bingen jenes umfangreiche naturkundliche Schrifttum, das heute – wo man neben der Schulmedizin nach alternativen Heilmethoden sucht – geradezu zu einer „Hildegard-Renaissance" führt. Ihr aus vielerlei, auch durchaus irdischen Quellen gespeistes Wissen über Krankheitsursachen, über die körperlichen Auswirkungen seelischer Probleme, über die Heilkraft von Kräutern, Wurzeln, Früchten und Mineralien gehört – unter dem Titel „causae et curae" zusammengefaßten – zu den populärsten Texten der Naturheilkunde überhaupt.

Hildegards Naturkunde ist eine Aufzeichnung zeitgenössischer Heiltraditionen und enthält in neun Büchern mehr als 500 Einzelbeschreibungen, die für den alltäglichen Gebrauch bestimmt sind. Zwei Bücher behandeln die damals bekannten Pflanzen, vier die Tiere, je eines die Elemente, die Steine und den Ursprung der Metalle. In der Vorrede schreibt Hildegard: „Bei der Erschaffung des Menschen aus Erde waren die Elemente ihm untertan, weil sie fühlten, daß Leben in ihm war, und sie halfen ihm in all seinen Bemühungen und er half ihnen. Und die Erde spendete ihre Lebenskraft nach dem Geschlecht, nach der Natur, nach der Lebensweise und dem ganzen Verhalten des Menschen."

In der Forschung haben gerade diese naturkundlichen Schriften Anlaß zu allerhand Deutungen und Mißdeutungen, zu Spekulationen und auch zu glatter Ablehnung gegeben. So gab es unter anderem auch die Behauptung, Hildegard könne gar nicht die Verfasserin von „causae et curae" sein, eine längst widerlegte Vermutung, die wohl aus der Tatsache rekrutierte, daß die eigentliche Handschrift verloren ist und nur eine aus dem 13. Jahrhundert stammende Abschrift vorhanden ist.

Unter dem Aktenverzeichnis der Bücher, die an den Vatikan übersandt wurden, ist von einem Arzneibuch und einem Kompositionsbuch der Medizin die Rede, ob es sich um bis heute völlig unbekannte Schriften oder die aufgeteilten Naturschriften handelt, wissen wir nicht mit Sicherheit.

In den Kanonisationsakten, rund 50 Jahre nach Hildegards Tod, beeidet der Kustos Hugo von St. Peter zu Straßburg die Existenz eines Buches der „Medizinkomposition" aus Hildegards Feder. Und aus dem 13. Jahrhundert berichtet der Straßburger Mönch Alberich, er habe ein Medizinbuch Hildegards gesehen. Aus etwa der gleichen Zeit stammt die Notiz in einem Klosterkodex, daß die Äbtissin ein Buch der einfachen Medizin – die „Physica" und ein Buch über die

Ursachen der Krankheiten und die Heilmittel geschrieben habe, „causae et curae". Um 1500 will der gelehrte Trithemius, der Abt von Spanheim – ein großer Verehrer Hildegards –, das Medizinbuch noch auf dem Rupertsberg gesehen haben.

Zumindest das Grundkonzept der Naturschriften stammt zweifelsfrei von Hildegard, auch die allergrößten Passagen des Textes können dies für sich in Anspruch nehmen, und man kann wohl mit Sicherheit davon ausgehen, daß Lehren aus der göttlichen Offenbarung und Erfahrungen des weltlichen Alltags ineinandergeflossen sind. Zu den Merkmalen, die deutlich auf Hildegards Autorenschaft schließen lassen, gehört beispielsweise die Schlichtheit, mit der in „causae et curae" die himmlischen Geheimnisse verdeutlicht werden, so daß sich die notwendige Gemeinschaft des Geschaffenen untereinander, alles Geschaffenen mit dem Schöpfer geradezu zwingend ergibt. Hätten spätere Autoren das komplizierte, kaum zu enträtselnde Geheimnis der Visionsschriften so vereinfacht in die naturwissenschaftlichen Texte einarbeiten können, wie Hildegard selbst es tat?

Einen wirklichen Nachweis über die Kenntnisse Hildegards – und damit über die Zusammenhänge zwischen ihren Schriften und anderen Autoren ihrer oder einer früheren Zeit – könnte man also wohl nur erbringen, wenn die Originalschriften Hildegards zur Verfügung stünden. Sie aber sind verschollen. Über diese „Erklärung der Naturkräfte all der verschiedenen Geschöpfe" – so der ursprüngliche Titel der noch nicht unterteilten Naturschriften – heißt es in der Vita, Hildegard habe in diesem Buch „mit prophetischem Geist von der Natur des Menschen und den elementaren Kräften der Naturgeschöpfe" geschrieben und „wie man durch sie den Menschen zu Hilfe kommen könne" in Krankheitsnöten. Sie schrieb in prophetischem Geist, notiert ihr Biograph – nicht: ihr wurde geoffenbart oder sie schaute oder Gott zeigte ihr. *Sie schrieb*...

In ihren heilkundlichen Schriften geht Hildegard von einer ganzheitlichen Schau des Menschen aus, die die Medizin erst in unserer Zeit wieder anwendet, vorerst allerdings nur ansatzweise. Der Mensch in Hildegards Sicht ist ein seinem Ursprung und dem Kosmos verhaftetes Wesen. Entsprechend sind auch seine Leiden und deren Heilung nur aus der Komplexität des Leib-Seele-Zusammenhangs zu begreifen. Und so haben eben nicht nur Kräuter und Früchte, Speisen und Getränke ihren Platz im Heilgeschehen, sondern auch die Seelenhygiene und die Kraft der Mineralien. Und es ist die vornehmste Aufgabe des Arztes, des Heilers, das Heil der Seele im Auge zu behalten, wenn der Leib des Patienten gesunden soll.

Aus der Texteinführung, die der Straßburger Drucker J. Schott, der die Naturschriften als erster auflegte, dem Manuskript mitgab, wird Hildegard als die große Naturheilkundige deutlich, als die sie auch ihre Schriften ausweisen. Für manche machte sie dies zur „ersten deutschen Ärztin", für andere galt es schier als Verunglimpfung, daß die große Visionärin selbst Erfahrungen in der Krankenpflege gesammelt haben könnte. Und man argumentierte, sie könnte neben den Pflichten der Klosterleitung, neben Korrespondenz und Niederschrift der Visionen gar nicht die Zeit gehabt haben, sich um Heilkunde oder Patienten zu kümmern.

Die „Vita" aber verbürgt ganz deutlich, die Gnadengabe der Heilung sei bei Hildegard so mächtig hervorgetreten, daß fast kein Kranker zu ihr kam, ohne die Gesundheit wiederzuerlangen. Zweifellos sind eine Reihe von Wunderheilungen verbürgt, aber es hieße die demütige und durchaus handfest wirkende Klosterfrau wohl falsch einschätzen, wollte man ihr unterstellen, sie habe von Gott ein Wunder erbeten, wenn sie auch mit ein paar Kräutern, mit der Geduld des anteilnehmenden Zuhörens oder der Verabreichung eines heilkräftigen Wassers einem Kranken hätte Linderung bringen können. Nicht umsonst schreibt Hildegard selbst in aller Deutlichkeit, sie habe acht Jahre lang „die Naturdinge" studiert. Und es war gewiß nicht angelesenes Wissen, von dem sie redet, sondern alltägliche, praktische Erfahrung. Im Gegensatz zu ihren Visionen notiert Hildegard auch nirgends, sie sei aus der Schau heraus gezwungen worden, die Erkenntnisse niederzuschreiben.

Steine, Tiere und Pflanzen bezieht Hildegard gleichermaßen in die vom Schöpfer vorgegebenen Heilmittel ein, und sie empfiehlt nicht nur die positiven Wirkungen der einzelnen Substanzen, sondern warnt nicht minder deutlich vor den schädlichen. Was ihr, folgt man Hildegards eigenem Bekenntnis, an formaler Schulbildung gefehlt haben mag, ersetzt sie – in einer Zeit, da man gerade anfing, scholastisches Forschen an neubegründeten Universitäten zu pflegen – durch eine aus bäuerlicher Grunderfahrung, benediktinischer Disziplin und einfühlsamen Naturempfinden gespeisten Intuition, durch kreative Phantasie, durch die Fähigkeit zum Zuhören, zum Fragen, zum Handeln. Sicher ist nicht jedes Detail dieses naturkundlichen Wissens auf eigenes Forschen und Beobachten gegründet. Ihr, die ja weithin großes Vertrauen genoß, wird man manch uralt überliefertes Wissen weitererzählt haben. Ob die Töchter aus adligen Häusern, die in den Rupertsberger oder den Eibinger Konvent eintraten, die Kenntnisse ihrer Familientradition mitbrachten, ob es heimkehrende Kreuzfahrer waren, die Geheimnisse orientalischer Heil- und Pflanzenkunde mitbrachten: wir wissen es nicht. Zweifellos aber stellen Hildegards Naturschriften eine erste, systematische Sammlung der Volksmedizin dar, das nicht als mittelalterliche Kuriosität bewertet, sondern gerade im Sinne der Ganzheitsmedizin heute einer detaillierten und vorurteilsfreien Forschung unterzogen werden sollte.

„Athletin Gottes" hat man Hildegard von Bingen bei ihren Zeitgenossen genannt, es war nur einer von vielen Ehrentiteln, mit denen man versuchte, ehrfürchtig dem Geheimnis dieser großen Frau nahezukommen. Und athletisch kann man dieses Lebenswerk wohl in körperlicher wie in seelischer Hinsicht nennen. Zwischen ihrem 60. und ihrem 72. Lebensjahr legt sie – in schwankenden Booten, auf dem Pferderücken, auf wackeligen Tragsesseln oder zu Fuß weite Wegstrecken zurück, um Frieden in zerfallenden Konventen zu stiften, um Kleriker an ihre unbequemen Pflichten zu mahnen. Mainz, Würzburg und Bamberg, Wertheim und Kitzingen, der Steigerwald und der Hunsrück, Trier, Metz, Zabern, Alzey, Maulbronn, Hirsau, Kirchheim und Zwiefalten, Boppard, Andernach, Siegburg und Koblenz stehen auf ihrem Reiseplan, Laach, Bonn, Werden und Köln, wo sie ihre wohl berühmteste Predigt hielt. Nicht allein gegen die weitverbreitete Sekte der Katharer ist, wie meist oberflächlich interpretiert wird, diese öffentliche Rede gerichtet, sondern gegen jene Kleriker, deren fragwürdiger Lebenswandel, deren geistliches Versagen, deren Machtgier und Prunksucht die Gläubigen ja erst in diese asketische Gruppierungen trieb, die zu Hildegards Zeiten allerorten auftraten.

1171 kehrt die 73jährige todmüde von ihrer letzten Reise, der Schwabenfahrt, heim. Acht Lebensjahre bleiben ihr noch – unruhige Jahre, in denen sie ihren getreuen, langjährigen Helfer Volmar, ihre Sekretärin Hiltrud, ihren Bruder Hugo verliert. Jahre, in denen sie das Ende des quälenden Schismas erfahren darf, Jahre, in denen sie das Interdikt über sich und ihre Nonnen ergehen lassen muß, also das Verbot, öffentlich Gottesdienst zu feiern und die Sakramente zu empfangen. Und das nur – vielleicht Buchstabentreue, vielleicht Rachegelüste der oftmals gescholtenen Mainzer Prälaten –, weil sie, getreu der für sie richtig befundenen Haltung nicht bereit war, die Ruhe eines Toten zu stören. Sie wußte, daß der junge Adelige, der auf dem Rupertsberger Klosterfriedhof zu Grabe getragen worden war, seinen Frieden mit der Kirche geschlossen hatte, auch wenn ihm keine Zeit geblieben war, die über ihn verhängte Exkommunikation offiziell aufheben zu lassen.

81jährig stirbt Hildegard am 17. September 1179; ihre Todesstunde ist, wie ihr ganzes Leben, von Wundern gekennzeichnet, die über das Grab hinaus andauern.

Literaturhinweise

Quellen:
S. Hildegardis Abbatissae Opera omnia, PL 197, 1384 Sp. Physica, Liber Subtilitatum diversarum naturarum creaturarum libri novem, PL 197, Sp. 1117–1352.
Storch, Walburga: „Scivias", Augsburg 1990.
Pawlik, Manfred: „Heilwissen" „causae et curae", Augsburg 1989

Sekundärliteratur

Breindl, Ellen: „Das große Gesundheitsbuch der heiligen Hildegard von Bingen", Augsburg 1983
Daya Sarai Chocron: „Heilen mit Edelsteinen", München 1988
Creutz, Rudolf: „Hildegard von Bingen und Marbodus von Rennes über die Heilkraft der Edelsteine", Stud. O.S.B. 1931
Die Heilige Schrift: Altes und Neues Testament, Augsburg 1950
Florek, Reinhard: „Heilende Edelsteine", Durach 1989
Hertzka, Gottfried / Strehlow, Wighard: „Die Edelsteinmedizin der heiligen Hildegard", Freiburg 1985
Hildegard von Bingen, Salzburg 1985
Hochleitner, Rupert: „Mineralien", München 1988
Johari, Harish: „Die sanfte Kraft der edlen Steine", Durach 1988
Meier, Christel: „Gemma spiritualis", München 1977
Pschyrembel: „Medizinisch Klinisches Wörterbuch", 1986
Raphael, Katrina: „Heilen mit Kristallen", München 1988
Riethe, Peter: „Das Buch von den Steinen", Salzburg 1986

Joseph Corvo
Gesichtsgymnastik
160 Seiten

Kann man sich mit einem Trainingsprogramm von täglich nur 10 Minuten um bis zu 20 Jahre verjüngen? Joseph Corvo, Leiter einer Klinik für »Zonentherapie«, sagt ja. Die Kenntnis bestimmter Druckpunkte und deren Aktivierung durch die richtige Gymnastik ermöglichen es, den Alterungsprozess auf natürliche Weise aufzuhalten.

Eva Spitzer-Nunner
Augentraining
128 Seiten

In diesem Buch wird eine Methode des Augentrainings vorgestellt, die immer mehr Schule macht: das ganzheitliche Sehtraining. Einer Überanstrengung der Augen kann dadurch vorgebeugt, die Sehkraft bereits fehlsichtig gewordener Augen kann verbessert werden.

Tonja Kivits
Handbuch Psychotherapie
Die wichtigsten Therapieformen im Überblick
192 Seiten

Angesichts von 250 verschiedenen Therapieformen zu entscheiden, welche Therapie im Einzelfall die richtige ist, kann nicht nur für den hilfesuchenden Laien, sondern auch für professionelle Psychologen zu einem schwierigen Unterfangen werden. Dieses übersichtige Buch ist ein hervorragender Leitfaden durch Theorie und Praxis der 26 wichtigsten Behandlungsmethoden.

ECON Taschenbuch Verlag
Postfach 4 04 03 · 40474 Düsseldorf

Bryant A. Stamford/Porter Shimer
Ganz einfach fit
320 Seiten

Wer kennt sie nicht: die Tretmühle des Sports, die jahrelang Gesundheitsapostel und Trendsetter in Bewegung hielt! Zwei Ärzte aus den USA, dem Mutterland der Fitneß-Ideologie, haben nun ein neues Konzept entwickelt: Treppensteigen statt Krafttraining, Gartenarbeit statt Aerobic, Spazierengehen statt Joggen heißt ihre Devise, denn: man kann auch ohne Muskelkater fit sein, und gesünder ist das obendrein. Das ultimative Fitneßprogramm!

Michael Hamm
Fleisch in der Fitneßernährung
224 Seiten mit 12 Strichzeichnungen

Der Autor gibt für die verschiedensten Sportarten (sowohl Profisportarten als auch Hobbysportarten wie Langlauf, Tennis, Bergsteigen, Radfahren usw.) Ernährungsempfehlungen. Diese werden durch Rezepte ergänzt. Daneben findet der Leser allgemeine Angaben zu Nährwert, Mineralstoffen und auch Rückständen in den verschiedenen Fleischsorten.

Cora Besser-Siegmund
Easy Weight
176 Seiten

Wie schwer es ist, schlank zu werden und zu bleiben, wissen alle, die sich mit Kalorienzählern und »Wunderdiäten« abgeplagt haben. Seit »Easy Weight« gibt es einen vollkommen neuen Ansatz. In dieser völlig überarbeiteten und erweiterten Fassung des Buches zeigt die Autorin, wie jeder sein wahres Gewicht erreichen kann.

ECON Taschenbuch Verlag
Postfach 4 04 04 · 40474 Düsseldorf

Reinhard Schiller
Hildegard Pflanzenapotheke
192 Seiten mit vielen Abbildungen

In der Hildegard Pflanzenapotheke erfahren Sie in Worten und Bildern alles darüber, wie Sie die wichtigsten Heilpflanzen bei Erkrankungen oder zu deren Vorbeugung anwenden können. Hinweise zur Anzucht und Aufbewahrung der Heilmittel enthält dieses Buch ebenso wie die genauen Rezepte zur Herstellung der Tees, Medikamente und Anwendungen aus den Heilpflanzen. Alle Rezepte beruhen auf den Erkenntnissen Hildegards von Bingen, der Heiligen, Äbtissin und Visionärin (1098–1179). Ihr besonderes Wissen ist in Originalzitaten zur den einzelnen Pflanzen nachzulesen.

Reinhard Schiller
Hildegard Medizin Praxis
256 Seiten

Ein medizinischer Ratgeber, der, nach Krankheiten geordnet, 130 natürliche Heilrezepte nach Hildegard von Bingen enthält. Zusätzlich werden nach den Lehren der berühmten Äbtissin, Schriftstellerin und Heilkundigen Ratschläge für die Selbstbehandlung gegeben.

Dr. med. Liselotte Petersohn/Dr. med. Hans Petersohn
Richtig gesund
240 Seiten

Oft fällt die Entscheidung schwer: Ist eine Behandlung nach der klassischen Schulmedizin oder eher ein sanfteres Naturheilverfahren sinnvoller? Die Autoren, erfahrene Praktiker, geben mit diesem Buch sowohl durch grundlegende Informationen zur Naturheilkunde als auch durch eine Gegenüberstellung der beiden medizinischen Ansätze eine Hilfestellung.

ECON Taschenbuch Verlag
Postfach 4 04 03 · 40474 Düsseldorf